Bien
dans son corps

au quotidien

Éditions d'Organisation
1, rue Thénard
75240 Paris Cedex 05
www.editions-organisation.com

Luc Audouin

Bien
dans son corps
au quotidien

Nouvelle édition du titre
Équilibre et performance

Éditions
d'Organisation

Je dédie ce livre par ordre d'entrée en scène dans ma vie de formateur, à Jean-Claude Macquet, à Gilles Amado, à Annick Besson et au CJD, à Patrice Jourdan, à Jean Clément, et à mon co-animateur-complice et ami Roland Sonkin.

Sommaire

Avant-propos

Toute action humaine participe de trois dimensions :

– « philosophique », c'est-à-dire ayant trait à son sens, sa symbolique propre, sa dimension culturelle ;

– « psychologique », personnelle, intime, affective, sociale, relationnelle ;

– « événementielle », inscrite dans l'espace et le temps : son empreinte.

C'est cette dernière qui est l'objet de ce livre.

Elle met en jeu le corps dans son fonctionnement intime et dans ses liens à l'environnement. C'est une dimension de type « physiologique » si nous la comparons aux deux premières.

Si la première dimension est essentielle dans les voies de l'équilibre, il m'a toujours semblé que ces chemins vous appartenaient, et que n'ayant ni titre de saint, de sage ou de fou, ni de philosophe, elle n'était pas de mon ressort.

La seconde a largement bénéficié des acquis de la psychologie et de la psychanalyse.

La troisième, en revanche, n'est que récemment ouverte par les progrès des neurosciences qui nous éclairent sur notre fonctionnement mental et notre mise en place dans le monde. Tirer les conséquences de ces découvertes pour élargir sa vision du monde, réfléchir sur les liens du travail et de l'homme, envisager la performance d'un point de vue neurophysiologique m'ont paru nécessaires.

Ma formation et mon expérience trouvaient là leur juste place. Ainsi est né ce livre.

Il rompt, dans sa forme, avec les ouvrages du même type, consacrés à l'« optimisation des performances ».

Il évite les questionnaires d'évaluation, les barèmes, les impératifs et les infinitifs, les normes, les YAQUA, les modèles.

Il choisit une approche qui associe connaissances et réflexion, expériences et concepts, simplicité sans peur de la complexité, et qui dialogue en égal avec le lecteur.

Ce choix est un triple pari :

– de l'auteur qui lutte contre les travers du médecin et du formateur additionnés : prescrire sans expliquer, normaliser pour crédibiliser, infantiliser pour diriger ;

– d'une modernité qui refuse les simplifications stériles et conjuratoires et accepte ce monde « complexe » dans le plaisir de sa richesse ;

– d'une formation-culture qui se réfère à une histoire (celle de son objet) et s'intègre avec respect dans la vôtre.

Merci de le tenir avec nous.

Chère lectrice,

Ce livre ne tient pas assez compte de votre spécificité, il s'accorde au masculin bien souvent.

Pourtant l'intégration de ce qui s'y écrit est plus aisée pour vous que pour votre homologue masculin.

Il faut en effet le convaincre déjà qu'il a un corps « vivant » en dehors du sport, du plaisir ou de la sieste !

Pour vous, votre corps n'est pas le support de votre tête mais vous-même ; il s'y passe des choses, comme dit en souriant mon ami Roland Sonkin : maternité et cycles menstruels lui donnent sa force créatrice, son lien au cosmos.

Les approches corporelles vous sont d'emblée naturelles. La réalité matérielle vous est familière. Une souplesse de comportement, votre goût de l'adaptation, votre nécessité même d'être en harmonie avec l'environnement, gens, lieux, saisons, … vous caractérisent.

Mais, en entreprise, cette force que représente cet accès naturel au corps et même sa fonction génitrice semblent se retourner contre vous.

Absences et fatigues des cycles et maternités y font écho. Et voilà que cette force profonde, hors temps, doit épouser l'aspect des contours masculins immobiles et inféconds. L'entreprise, par sa rigidité, son goût de l'uniformisation et des standards, s'oppose à votre richesse naturelle.

Bien souvent alors survient la tentation ou la nécessité de la conformité au « modèle masculin » qui y règne.

Vous risquez alors de le dépasser ou l'aggraver (comportements rigides et autoritaires).

Votre corps passe du statut intime à celui de partenaire, vous l'observez, le conformez aux normes en vigueur, il devient constant et « clean ».

Dans ce nouveau rapport à lui, vous perdez votre âme.

Aussi espérons-nous que tout ce livre qui, à bien y regarder, est un hymne au corps et au plaisir du quotidien, vous permettra de trouver un équilibre entre vos nécessités fondamentales et vos nécessités de statut.

Ce réinvestissement corporel permanent de l'instant apporte un contrepoint aux demandes d'image.

Plus le corps frontière est sollicité (présentation, esthétique, etc.), plus le corps territoire doit être investi. Caresses de l'autre, du vent, de l'eau, des éléments... massages, soins de détente, mais aussi plaisirs de tous les sens vous sont d'autant plus nécessaires que vous avez de responsabilité, d'image à donner.

Ces plaisirs manquant, vous êtes alors en nécessité de renforcements sensoriels standardisés : cigarettes, alcools, médications...

Votre corps profond, s'il est négligé, bafoué, se trouble beaucoup plus vite que celui de l'homme (insomnies, maux de tête, fatigue, etc.).

Savoir passer de la vie professionnelle à la vie personnelle et équilibrer les deux nécessitent encore plus de
soin pour vous. La vie privée est bien souvent une
deuxième vie professionnelle avec horaires, tâches,
organisation peu propice à la récupération.

Essayez dans ce quotidien familial, à deux ou solitaire,
de garder le plaisir du corps, de l'espace apprivoisé, du
temps ressenti et même des gestes ménagers.

N'attendez pas le moment de tranquillité, ou le cours
de gym, ou la séance de yoga ou le bain du soir pour
vivre votre corps. Chaque instant est donateur à sa
façon de présence, de vie.

Le temps à soi ne se conquiert pas, il se décrète. Il
revêt nos actes de sa couleur.

Le temps à soi est une appropriation personnelle de
l'instant et non ce moment mythique accordé par la
vie, récompense du devoir accompli.

Je souris en pensant aux infirmières de Toulouse
essayant, pendant une formation, de faire comprendre
sans grand espoir à l'homme que je suis ce qu'est la vie
d'une femme qui travaille ; à la fin de leurs explica-
tions elles me regardent et me disent : ALORS ? et je
vois comme des fusils dans leurs yeux braqués sur
moi, sur l'homme !

Dans ce livre, beaucoup de conseils, de réflexions viennent de ce qu'elles ou d'autres femmes exerçant des
métiers bien différents (responsables de PMI, cadres,

secrétaires de direction, employées) m'ont confié sur leur vie, leurs stratégies.

Aussi, j'espère que, malgré le sexe de l'auteur et son style « au masculin », vous y trouverez le langage qui est le vôtre.

Chapitre 1

Préparer
son corps à agir

1. Tonus musculaire
et tonus mental

Le mot TONUS a pénétré le langage courant dans un sens large : avoir du tonus, c'est être en forme.

L'origine du mot : le tonus musculaire est sous-jacent, il apparaît lorsque pour montrer notre tonus nous gonflons le biceps !

Il remplace bien souvent maintenant le mot « santé ». Nous prenons ou donnons des nouvelles de notre forme et non plus de notre santé, « tant qu'on a la santé » a disparu du vocabulaire courant, remplacé par « alors, en forme ? ». La santé, considérée comme acquise, doit servir de tremplin. Ainsi le mot santé, difficile à définir, statique (elle s'entretient, se maintient, se conserve...), a-t-il disparu au profit de son cousin tonus, plus dynamique (il se développe, se gagne, se perd, s'optimise...).

Nous trouvons là non seulement les conséquences des progrès de la médecine mais aussi le goût du mesurable spécifique de notre époque.

Le tonus musculaire se voit, s'affiche, se mesure en performances. Il se repère aussi chez l'autre. Il est évidemment plus difficile d'apprécier la qualité de nos os, la finesse de nos secrétions hormonales, les bonnes capacités de stockage de notre rate en globules !... ou celles de l'autre.

À tout prendre, notre propre action sur notre corps est limitée au pool musculaire.

Notre rein, notre thyroïde ou notre foie se moquent de nos injonctions, je ne peux décider du dosage de mon cholestérol sur l'instant. En revanche, mes muscles m'obéissent, tout au moins les rouges. La relaxation qui propose, comme d'autres approches corporelles, une action sur nous-mêmes passe, pour l'essentiel, par le contrôle musculaire.

Aussi notre époque qui valide le « faire », le dépassement de soi et le culte de l'image se retrouve-t-elle dans la notion de tonus et de forme.

Cette fascination pour ces valeurs nécessite à coup sûr davantage de références, de connaissances. Les liens entre tonus et santé, les conditions de la performance, le rapport à la durée, etc. en seront éclaircis.

Les propositions d'action seront alors fondées sur une compréhension des mécanismes.

Nous vous proposons ici une physiologie simple qui n'est pas détachée du quotidien, mais au contraire qui l'explique et le fonde.

La sensation tonique

La définition même du tonus est la légère tension qui affecte les muscles au repos.

Cette tension est entretenue en permanence par le système nerveux. Dans le muscle, la plaque motrice est le lieu de rencontre entre le muscle et le nerf.

Cette plaque a une double fonction : sensitive et motrice.

– **Motrice**, elle est le lieu d'où part l'influx nerveux qui va déclencher la contraction musculaire.

– **Sensitive**, il s'agit d'un organe sensoriel, d'un capteur.

Elle mesure, grâce au fuseau neuromusculaire – sorte de petit ressort – le degré de contraction du muscle, son état tonique.

Le muscle n'est donc pas seulement un serviteur commandé par un arc réflexe (souvenir de nos cuisses de grenouille à l'école !) ou obéissant aux ordres du cerveau, il est aussi source d'informations.

Une sensation, c'est en tout premier lieu une information. Les sensations qui viennent des muscles s'appellent les sensations proprioceptives.

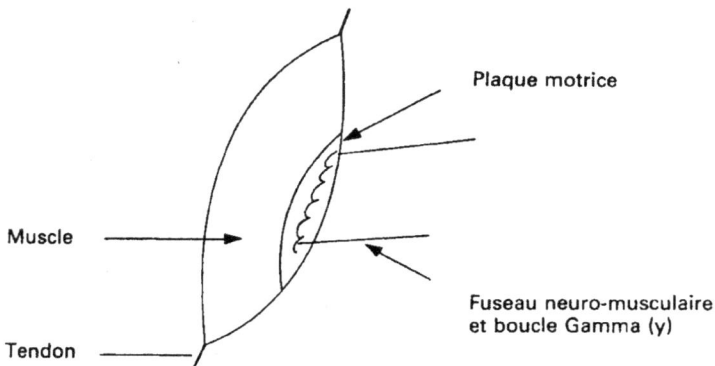

Plaque motrice

Muscle

Fuseau neuro-musculaire et boucle Gamma (γ)

Tendon

Elles nous sont utiles à différents niveaux.

– Elles nous informent de la position de notre corps dans l'espace. Ainsi nous pouvons, de façon quasiment automatique, lutter contre la pesanteur (maintenir le tonus postural), accomplir des actes courants.

18

– Plus localisées, elles vont permettre la finesse d'un geste, nous le verrons plus loin.

– Elles nous informent de notre état tonique, lien avec la vigilance, l'environnement.

– Elles participent à cette sensation d'être en vie, liée particulièrement au mouvement.

– Elles interviennent dans les processus du maintien de la vigilance.

Ces sensations arrivent au cerveau par deux circuits. L'un, dit lemniscal, classique, les achemine directement. L'autre, comme en dérivation, les fait passer par la substance réticulaire, avant d'y parvenir. Or cette substance joue un rôle fondamental dans les mécanismes de la vigilance.

L'élaboration et l'exécution du geste

Faire un geste : tourner la tête, prendre une tasse et la porter à ses lèvres, courir, etc., nécessite tout un travail d'élaboration et d'exécution.

Avant que le geste ne s'effectue, une image le précède. Tout geste est précédé d'une image.

Cette image, sorte d'épure, de plan mental, dessine le geste et en explore la possibilité.

À cet instant sont sollicités les territoires qui lui correspondent... En même temps, par la boucle gamma (cf. p. 18), un tonus de préparation à l'action est mis en place.

Le coureur au départ du 100 mètres n'est pas parti que tous les muscles nécessaires à son jaillissement hors des starting-blocks sont activés.

À la mise en action, passage à l'acte, l'onde alpha prend le relais et déclenche la contraction musculaire.

Le skieur qui visualise sa descente la sent dans son corps, répète « pour de vrai ». Lors de ce travail de préparation nous avons chronométré des temps en image ne différant pas de plus de quelques dixièmes de secondes de la course réelle.

Mon geste atteindra d'autant plus la perfection qu'auparavant mon cerveau aura reçu suffisamment d'informations des territoires qui lui correspondent, et que mes capacités de représentation auront été riches.

L'entraînement qui ne serait que répétition renforce certes les circuits et leur rapidité d'action mais ne peut prétendre à elle seule faire atteindre des sommets. Il faut lui ajouter un travail sur la perception sensorielle musculaire (autres gestes, autres sports, travail en relaxation) et sur l'image (travail en imagerie mentale, utilisation de vidéo, observation de partenaires, etc.).

Les informations sur les territoires de l'action ont alors considérablement enrichi la perception des sensations, un peu comme lorsque vous lisez divers journaux ou livres sur un sujet pour vous en imprégner.

Karl Schrantz, champion autrichien de slalom, a amélioré ses capacités en descente en faisant du canoë. Il enrichissait ainsi les sensations des fesses et des cuisses, nécessaires en ski. Hidalgo a été l'un des premiers à faire pratiquer d'autres sports à nos footballeurs ; la variété du travail musculaire était certes l'une des raisons, mais son but était de relancer l'univers sensoriel global des joueurs.

Agonistes, antagonistes

La finesse du mouvement dépend aussi d'un autre processus. Les muscles fonctionnent par paires, ils sont agonistes et antagonistes.

Sur le plan physiologique, un système de couplage entre ces muscles complémentaires s'établit par la **boucle gamma**. Elle mesure la tension de chaque muscle et peut ainsi coupler tension de l'un et relâchement de l'autre.

Mon biceps ne se contracte que parallèlement au relâchement du triceps. Si mon doigt se fléchit, c'est par l'action des fléchisseurs parallèlement au relâchement des extenseurs du doigt.

Ce système permet la souplesse des mouvements.

Il fonctionne comme un démarrage de voiture en côte, vous relâchez le débrayage en accélérant ; de l'équilibre de ces deux mouvements dépendent la progressivité et l'absence d'à-coups. Le débutant cale dans cette manœuvre ou s'arrache brutalement.

Le bébé nous montre que cet apprentissage est difficile, ses gestes sont saccadés, ce pouce arrive à la bouche après des zigzags !

Les sportives et sportifs qui me lisent comprennent mieux ce qu'elles ou ils ressentent et qui se traduit par l'expression étonnante de perspicacité physiologique : « Je n'ai pu lâcher mes coups vrais ». Le stress est un élément de cette tension de base qui ne freine pas la force en soi mais empêche le mouvement d'aller au bout de sa course parce que le muscle antagoniste ne se relâche pas suffisamment.

Ainsi, si je veux aller à fond dans une tension, je dois aller à fond dans une détente.

Le golf a permis à certains de comprendre le rôle de la détente, mais le transfert au quotidien n'a pas toujours suivi. Si le golfeur portait autant de soin à ses gestes quotidiens – souplesse et performance –, le monde de l'entreprise deviendrait très gracieux !

Deux expériences étonnantes

1– Prenons un sujet allongé. Plaçons des électrodes dans les masses musculaires des membres. Recueillons les potentiels électriques pour chaque membre sur un potentiomètre.

Demandons maintenant au sujet d'imaginer qu'il bouge un membre. Nous voyons aussitôt l'aiguille bouger sur un des potentiomètres. Nous pouvons dire au sujet le nom du membre auquel il a pensé.

2– Une personne ayant une fracture sous plâtre voit les muscles immobilisés fondre. Un quadriceps (muscle de la cuisse), par exemple, peut perdre 50 % de sa masse musculaire. Si cette personne pense (imagine) qu'elle lève la jambe cinq minutes toutes les heures par exemple, elle ne perdra que 25 ou 30 % de sa masse musculaire au lieu des 50 % habituels.

Dans les deux cas, l'image a recruté les territoires et maintenu, sans mouvement, un certain tonus de base activant les muscles.

Toute image crée un territoire, toute image est corporelle.

*Et un exercice**

Détendez-vous en fermant les yeux. Respirez tranquillement, en vous relâchant, en soufflant.
Sentez bien votre position assise :
contact des pieds, fesses, dos ;
angles du corps ;
espace environnant.
Maintenant sentez-vous vous lever pour vous mettre debout, puis sentez-vous sur vos deux pieds en équilibre.
Faites-le ensuite « pour de vrai ».

* Tous les exercices se font les yeux fermés. Vous pouvez les lire avant et vous en souvenir, vous les faire lire (laisser environ dix secondes après chaque nom de territoire sauf indication de temps) ou bien les enregistrer.

Quelques instants, profitez de cette position debout, détendu. Étirez-vous, remuez mains, mâchoires, tête, respirez, ouvrez les yeux.

Cet exercice vous permet de sentir ce travail de l'image dans le corps.

Les composantes du tonus

Ces éléments qui interviennent pour réguler notre tonus, par secteur et dans son ensemble, sont essentiels à connaître pour qui veut agir sur lui.

Quatre facteurs interviennent :

– Notre position dans l'espace, nos mouvements.

L'ensemble des muscles s'adapte aux contraintes de la pesanteur et de notre motricité (position, gestes). Si je suis debout, mes quadriceps travailleront plus qu'allongé, leur tonus sera plus grand.

– Notre vigilance.

Nos rythmes veille-sommeil sont en interaction permanente avec notre tonus musculaire. Nous savons que nous nous endormons au relâchement musculaire de notre tête, de nos bras, de nos paupières, etc.

– Notre environnement sensoriel.

Bruits, lumière, tactilité, etc. interviennent directement ou indirectement sur mon tonus. Cette porte qui claque me fait sursauter, cette lumière trop vive gêne ma sieste, ce goût acide me fait grimacer...

– Notre « univers intérieur ».

Comme on l'a vu, projets, pensées, réflexions, par leurs images associées, conscientes ou non, éveillent les territoires concernés.

Précisons ce dernier point.

Si le projet d'un geste crée en nous un territoire tonique, une carte, tout notre univers mental colore en permanence notre tonus musculaire.

Illustrons notre propos.

À l'école, quelques minutes avant la récréation, l'enfant se dresse sur son siège, se lève à moitié, il est déjà en train de partir. À son insu, son projet l'a fait se lever.

La secrétaire qui ne se plaît pas à son travail arrive déjà toute tendue « rien que d'y penser ». Les images d'une tension ressentie en temps réel la recréent, alors que la situation est absente.

Alexander Lowen, le fondateur de la Bio-Énergie, faisait un diagnostic psychologique à la simple palpation des muscles du dos d'un individu. L'histoire de notre vie s'écrit dans notre corps et peut s'y lire.

En résumé

Ainsi sont repérées les quatre voies d'intervention sur notre tonus musculaire, base et manifestation de notre tonus physique et mental.

Être en forme, c'est être adapté dans son corps à la réalité de l'instant et au projet qui l'anime.

Optimiser sa forme, c'est enrichir chacune des quatre composantes et utiliser leur complémentarité.

2. Économiser et réguler l'énergie

Ce chapitre nécessite au préalable de pratiquer le petit
exercice ci-dessous.

Lisez le texte, puis fermez les yeux pour faire l'exercice
sans changer de position.

– Repérez votre position pendant trente secondes environ :
les points d'appui (pieds, bras, fesses, dos), la position du
dos, son axe, celle de la nuque, de la tête, les muscles
tendus et détendus, l'aisance de la respiration ou sa
gêne, etc. ;
– puis essayez de relâcher les zones tendues ou inconfor-
tables en ne bougeant qu'elles (par exemple, décroisez
les jambes, posez autrement les mains), bougez seulement ces zones pour les amener à une meilleure place ;
– restez trente secondes à ressentir à nouveau votre corps
puis bougez à nouveau ce qui le demande et restez
quelque temps dans le plaisir de l'instant.
À éviter : la recherche de la « bonne position », sans tenir
compte des sensations de l'instant, position souvent stéréotypée et peu utilisable dans la vie quotidienne.

Être attentif à sa position de travail

Cette position assise qui vous est habituelle, du bureau
à la voiture, en passant par l'avion ou le train, néces-

site qu'on s'y arrête. Nul ne peut être bien assis, malgré l'effort de nos amis ergonomes. Dans le corps, rien n'est « étudié pour », comme disait Fernand Raynaud. Notre système ostéo-articulaire n'a pas été prévu pour cette position, d'ailleurs toute sociale.

L'enfant, par ses mouvements continuels sur sa chaise, nous agace, il nous montre cette inadaptation. À dire vrai, c'est lui qui a raison. Certes, lors de ces réunions dont nos entreprises sont friandes, vous ne pouvez gigoter sans cesse sur votre chaise sous peine d'inquiéter votre entourage qui vous jugera bizarre ou peu intéressé.

D'où l'importance, dès que vous vous asseyez, de prendre une bonne position, de bien vous poser : pieds au sol de préférence, bras et avant-bras relâchés, mains souples tout est relâché sauf les paupières ! Malgré tout, quelque temps après, le besoin de bouger se fera sentir ; essayez de le percevoir à temps et bougez alors les zones qui le réclament.

La règle est de chercher la position la plus confortable et la plus économique, musculairement, dans le contexte.

Déjouer la fatigue

Lors d'un séminaire destiné à des contrôleurs de gestion au CESA sur le thème du stress, je proposai à mon arrivée cet exercice. Il était 18 heures et j'intervenais après une journée déjà pleine d'enseignements en matières plus classiques.

Le temps de parole en fin d'exercice apporta une série de plaintes : « Nous étions bien et maintenant nous avons mal partout ! »

Je pus faire remarquer que l'exercice n'avait fait que rendre apparentes des tensions qui s'étaient installées au cours de la journée.

Ce sont ces tensions qui nous « tombent dessus » quand nous rentrons chez nous par exemple et que tout à coup la lassitude se fait sentir. Est-ce le meilleur moment pour qu'elles se manifestent ? Que de retours gâchés par ce quart d'heure de fatigue ou d'énervement !

Le système nerveux est fait de telle façon qu'il nous aide à atteindre nos buts en inhibant ce qui nous en distrairait ou les générerait. Il supprime de notre conscient toutes sortes de sensations (vêtements, bruits, odeurs, etc.) qui nous arrivent en permanence par nos capteurs sensoriels.

Sentir sans cesse toutes nos sensations internes, musculaires et externes rendrait toute vie organisée et mentale impossible.

C'est un des rôles de la **substance réticulaire** que d'inhiber ces sensations.

L'exercice avait révélé un état de tension bien compréhensible après une journée de stage intensif. Mais sa perception n'a pu venir qu'ensuite, quand elle en a eu la place en quelque sorte ! D'où cette tendance que nous avons de ne pas nous relâcher, sachant qu'alors nous sentirions la fatigue.

Le marcheur qui nous dit : « Je ne m'arrête pas, si je m'assois je ne repartirai pas » le symbolise bien.

Je leur rapportai alors ces conversations que j'avais eues, à mon cabinet médical :

– « Comment se fait-il, Docteur, que mon mari qui est très apprécié à son travail, plein d'énergie, sorte de félin dans la jungle des affaires, se transforme, dès le seuil de la maison passé, en veau, en poularde de Bresse ou tout autre animal de basse-cour... ?

– C'est le plaisir du retour qui le détend brusquement, Madame, et lui fait sentir sa fatigue. »

Tout médecin se doit à la paix des ménages !

Aussi est-il utile d'éviter d'accumuler les tensions musculaires ou tout au moins d'essayer de les réguler. Notons que la fatigue peut aussi créer la nervosité et ce n'est plus d'une poularde dont il s'agit alors, mais d'un coq vindicatif.

Adapter la position aux besoins de la pensée

Enfin le choix de la position influe sur le fonctionnement mental. Bernard Pivot en donnait une bonne illustration à la 500ᵉ de l'émission « Apostrophe ». Il conseillait pour chaque type de lecture une position adaptée, souvent prise spontanément : pour Proust le dos bien calé, penché en avant pour les *Trois Mousquetaires*, variée, allongée pour une B.D.

Plus simplement certaines personnes ne pensent clairement que debout, certains romanciers dictent ainsi leurs romans. Il faut savoir varier sa position en raison de l'objectif.

Faire « cocotte minute » : relâchez la pression avant qu'elle ne monte. Détendez systématiquement mâchoires, épaules, nuque, dos, chaque fois que vous y pensez.
Dans chaque position se mettre dans le meilleur rapport musculaire, dès le départ rechercher la meilleure position possible.
Débanaliser le quotidien, choisir ses positions en fonction de la tâche et du projet.
Pour le retour à la maison, voir plus loin « changements de rythme ».

Être attentif à ses gestes

Notre corps est geste dans l'espace.

La posture, que nous venons de voir, est un geste ; le danseur travaille autant son immobilité que son mouvement.

Chez lui la finesse du couplage agoniste-antagoniste donne la grâce du mouvement, le plus difficile paraissant s'accomplir sans effort.

30

Plus encore, son geste est « pur », il ne s'accompagne pas de mouvements accessoires inutiles, souvent parasites du mouvement de base.

Ces gestes parasites s'appellent des syncinésies.

Les syncinésies

Ce mot compliqué et joli évoque donc les contractions qui accompagnent certains de nos gestes sans y concourir. Par exemple, quand vous froncez votre front et serrez les dents en écrivant. Ces contractions musculaires ne sont pas actives directement dans le mouvement produit.

Un autre exemple : vous sciez du bois et remarquez tout à coup que vous ne respirez plus, que votre visage est contracté, que vos épaules sont levées, vos fesses serrées, etc., tout cela n'augmentant guère le rendement quand ce n'est pas le contraire.

En ce moment, ne tenez-vous pas le livre trop serré, votre front n'est-il pas froncé, vos épaules plus levées que nécessaire, votre mâchoire inférieure sans raison contre la supérieure ? Vous pouvez déguster le texte sans le mordre !

En voiture, que de tensions inutiles à la conduite ! Il n'est que de regarder les autres conducteurs pour s'en rendre compte ou plus finement de le percevoir sur soi.

Un des bénéfices les plus rapides et immédiats de nos séminaires Tonus que nous rapportent leurs participants est le changement dans la conduite. Souvent, redécouvrant alors le siège réglable resté tel, ils étudient mieux leur position et évitent de serrer avec le volant les mâchoires, de lever les épaules inutilement, etc. Ils nous rapportent un bénéfice antifatigue très net et souvent une sorte de nouveau plaisir à conduire.

Cette économie d'énergie est bénéfique. Pourquoi consommer de l'oxygène à des contractions improductives ?

Beaucoup d'entre vous se servent d'un ordinateur.

Mettez-le à la bonne hauteur : souvent trop haut, il impose de lever les épaules, ce qui crée des tensions dans la nuque, le haut du dos, bloque la respiration, apportant fatigue et perte de créativité.

Sur un geste

Assis confortablement, dos appuyé, pieds bien à plat, tête droite :
• vous vous relâchez,
• détente du front, des yeux, des mâchoires,
• vous laissez bien tomber les épaules, les bras sont souples, les poignets au creux des cuisses,
• vous détendez vos doigts,
• la respiration est tranquille et calme,
• vous gardez le dos droit mais en dépensant le minimum d'énergie, détente des muscles inter-vertébraux,
• le ventre se relâche,
• les hanches aussi,

• et vous détendez les jambes, cuisses, mollets, chevilles et les pieds jusqu'au bout des doigts de pied.

Pendant quelques instants, vous vous laissez aller aux sensations qui viennent puis, doucement, faites l'exercice : vous levez le bras droit à l'horizontale en inspirant, vous bloquez la respiration cinq secondes en serrant le poing et vous soufflez en gardant le bras tendu. Sentez alors ce qui est tendu dans le bras et ce qui s'est tendu ailleurs sans raison.

Puis descendez doucement (trente secondes environ) vers votre genou en intégrant toutes les sensations :
– travail des muscles, syncinésies, petits à-coups ;
– chaleur, pesanteur, distance, trajectoire. Faites l'exercice trois fois bras droit, puis trois fois bras gauche. Entre les deux séries, sentez sur la cuisse la différence de contact du poignet, du bras qui a bougé. Vous pouvez aussi arrêter une fois de chaque côté votre main quand vous la croirez à un centimètre au-dessus du genou et la laisser tomber d'un coup. En fin d'exercice, une minute simple de récupération, de respiration. Avant d'ouvrir les yeux, bougez tous les muscles, notamment les mâchoires, les mains, étirez-vous et respirez fortement (au moins pendant trente secondes).

Bien se positionner, descendre les épaules, garder le poignet souple permettront un travail plus long avec moins de fatigue. Il est dommage que les ergonomes associés à la conception des ordinateurs ne pensent pas à la pédagogie du geste. Pour ma part, j'ai assuré des formations courtes (une journée) de différentes catégories de personnes travaillant sur clavier et écran. Le feed-back a toujours été très positif.

Tout geste répétitif demande de l'attention, on connaît la crampe de l'écrivain, du musicien,... Mais tout geste, lorsqu'il se déploie dans sa richesse et sa nécessité, procure un plaisir physique, source de tonus.

Propositions d'action

Choisissez un geste par jour et essayez d'en sentir toutes les composantes, rendez-le plus efficace et gracieux.

En voiture, ne démarrez qu'après quelques secondes, prenez une bonne position, sentez les gestes de la conduite et harmonisez-les.

À la pause ou lors de petits déplacements, sentez-vous marcher, bouger, relâchez les épaules et mettez-vous dans votre corps.

Au bureau, intéressez-vous à votre façon d'écrire ou de taper, libérez vos articulations.

Comme Umberto Eco, utilisez le temps d'impression de votre imprimante pour vous étirer soigneusement et respirer.

3. Le charisme

C'est un mot mystérieux.

À l'origine don de Dieu, grâce, on lui reconnaît toujours son caractère inné, même si maintenant certains séminaires ont le charisme pour thème. Mon ami Hugues Liese intervient auprès de dirigeants pour les aider, non pas tant à en acquérir qu'à laisser s'exprimer leurs qualités naturelles bridées par leurs propres censures.

Tout charisme est corporel : mystérieux à la Malraux laissant venir une voix incantatoire aux mots chargés de sens dans un corps tourmenté ; grammatical à la de Gaulle lâchant, du haut de ses deux mètres, des phrases taillées au couteau ; symbolique et sexualisé pour les artistes, provocateur chez Gainsbourg, humaniste chez Mère Thérésa, l'abbé Pierre... mettant un corps au service d'un discours ou l'inverse ?

Le charisme est une alchimie de la présence.

Cette adéquation entre soi et soi, si je puis dire (son soi en général et son soi « corporéisé » dans l'espace-temps) est un don qui se travaille : Delon à l'Actor's Studio, de Gaulle avec un sociétaire de la Comédie Française, Malraux dans une expérience rare de la vie, et le côtoiement des êtres et du beau.

Les spécialistes des médias sont en général de mauvais éveilleurs du charisme qui ne peut être créé pour une image, mais qui est irruption, verticalité de structures existantes. Il s'agit, sinon, d'un placage brillant comme du ripolin mais artificiel et fondant à la chaleur des tensions ou des projecteurs.

Développer son charisme, c'est donc être dans ses gestes, dans son souffle, dans son corps, présent aux choses, aux êtres, au moment.

Tout cet ouvrage, si vous le lisez comme un dialogue, sans attente crispée, devrait développer encore un peu plus votre « indéniable charisme ».

Bibliographie

A. VERTADIER, *Votre tonus professionnel*, Les Éditions d'Organisation (pratique, plein d'idées, maniable).

J.-Cl. COSTE, *La psychomotricité, Que sais-je ?*, PUF, Paris (passionnant pour un communicant ou un sportif).

4. Psychologie et rôles de la respiration

On commence sa vie par une inspiration et on la termine en expirant. C'est dire comme cette fonction est essentielle et symbolique.

Nombre d'expressions courantes la reprennent : « à bout de souffle », « couper le souffle », « respirer la

© Éditions d'Organisation

santé », « prendre l'air », « être inspiré », « rendre son dernier souffle ».

Son rôle vital et son rôle d'échange apparaissent.

Ce rôle d'échange est à la fois biologique (air absorbé et rejeté) et relationnel. Notre respiration réagit aux modifications de l'environnement, son accélération est une des premières réactions au stress.

Physiologie

Les poumons ne sont pas, comme le cœur, doués d'un mouvement propre. Ils fonctionnent comme une éponge pressée qui se charge d'eau et la rejette quand on la serre.

Les muscles de la respiration sont :
– les scalènes, petits muscles en haut de votre thorax ;
– les intercostaux ;
– les abdominaux, utiles surtout pour souffler ;
– le diaphragme, qui assure l'essentiel du travail.

Le diaphragme est un muscle transversal qui traverse votre corps et sépare les poumons de l'abdomen.

Il est très puissant et fait de muscles rouges (volontaires) et blancs (involontaires). Ceci explique que votre respiration se fasse toute seule et que vous puissiez agir aussi sur elle.

On peut le comparer à un parapluie qui s'ouvre en s'abaissant et se referme en se levant.

Au milieu, bien sûr, il n'y a pas de manche mais un trou qui laisse passer l'œsophage et l'aorte principalement.

Que fait le diaphragme quand vous respirez ? Que sentez-vous par exemple quand vous inspirez ?

Essayez quelques grandes respirations.

Bien souvent, une certaine perplexité s'ensuit.

Nous respirons en gonflant les poumons et le thorax, d'où la sensation de l'ascension du diaphragme, mais, en même temps, nous nous doutons bien que si les poumons doivent s'emplir d'air, c'est en s'abaissant que le diaphragme leur donnera le plus de place.

C'est que nous avons l'habitude de respirer à l'envers, comme on nous l'a appris à l'école ou au sport.

Cette respiration haute, thoracique, n'est pas naturelle, physiologique, elle est essentiellement sociale.

Le petit enfant, et l'animal bien sûr, respirent par le ventre, ainsi que les joueuses de clarinette ou de tout autre instrument à vent et les cantatrices et chanteurs dont vous faites peut-être partie.

Si nous avons vraiment besoin d'air, nous allons le chercher en bas.

Le schéma montre pourquoi, alors, le ventre doit sortir.

Le contenu abdominal refoulé ne peut ni monter, puisqu'au contraire le diaphragme descend, ni aller en

38

arrière, partie osseuse, ni en bas (le périnée heureusement tient son rôle), il ne reste de place qu'en avant.

La respiration dite abdominale n'est pas « bonne » parce que c'est celle du yoga ou des techniques de relaxation, mais parce qu'elle est physiologique.

Rassurez-vous. Je ne vais pas vous convaincre ou vous apprendre à respirer par le ventre en continuité. Ce serait difficile d'ailleurs. Dès votre plus jeune âge, votre maman ne vous a-t-elle pas dit : « rentre ton ventre », et... pour les messieurs, une autre femme n'a-t-elle pas pris le relais, même de façon moins directe !

Il s'agit seulement ici d'éviter d'accentuer ce blocage en hauteur et de penser à l'occasion à respirer plus bas.

L'exercice ci-dessous devrait vous aider.

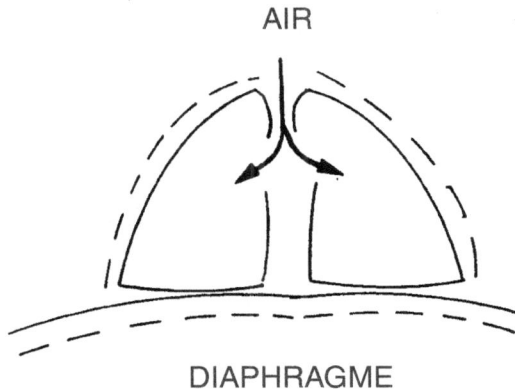

AIR

DIAPHRAGME

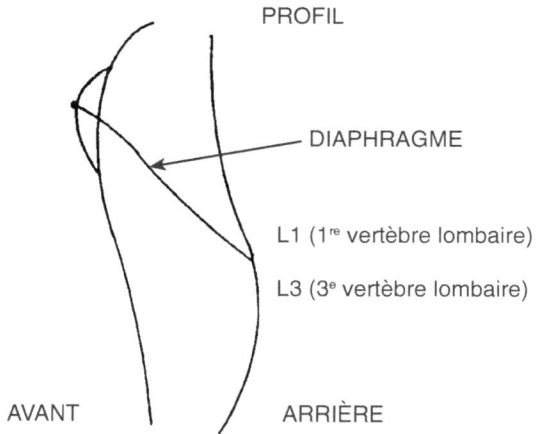

PROFIL

DIAPHRAGME

L1 (1re vertèbre lombaire)

L3 (3e vertèbre lombaire)

AVANT

ARRIÈRE

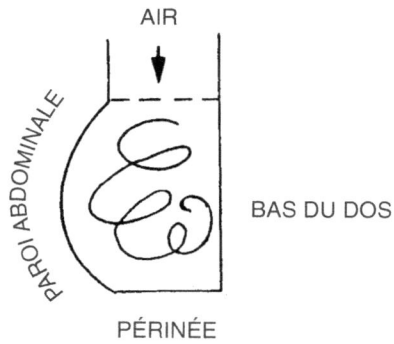

AIR

PAROI ABDOMINALE

BAS DU DOS

PÉRINÉE

Prise de conscience
de la respiration abdominale

Debout
les yeux fermés
vous trouvez un bon écartement des pieds
vous laissez tomber les épaules
décontractez les poignets (faire les marionnettes)
relâchez la mâchoire
et, tout doucement, vous faites de petits balancements
d'avant en arrière
comme si vous massiez vos pieds avec le sol

puis, tout en gardant un léger mouvement,
vous essayez de percevoir votre respiration,
où elle se fait, ce qui modifie son rythme,

vous essayez alors de la descendre doucement
vous relâchez à nouveau les épaules et les bras,

vous essayez ensuite de respirer spontanément un peu
plus bas, en mettant vos mains sur les côtés au niveau du
bas des côtes, vous pouvez sentir les côtes s'ouvrir
puis en inspirant plus fort en deux ou trois fois,

vous sentez à un moment le besoin de prendre plus d'air et
le ventre qui vient en avant,
vous pouvez vous aider en mettant alors les mains sur le
ventre au niveau du nombril
et sentir le ventre qui vient gonfler dans vos mains,

une autre fois vous pourrez aussi descendre encore un
peu plus vos mains et les poser entre le pubis et le nombril,

vous laissez tomber les bras,
vous respirez tranquillement à votre façon,
vous profitez de la position debout

puis vous arrêtez l'exercice en contractant progressivement tout le corps, vous étirant, respirant « comme à la
gym ! » et vous ouvrez les yeux.

Intérêt, utilisation, bénéfices

D'abord s'oxygéner.

Notre cerveau est un grand consommateur puisqu'il
consomme 25 % de l'oxygène du corps (alors que son
poids ne représente environ que 2 % du poids total du
corps).

Il faut bien savoir que faire du jogging oxygène vos
muscles mais pas particulièrement votre cerveau.

Pour le favoriser, il faut au contraire rester immobile
et respirer profondément. Si vous le faites réellement,
vous ressentez d'ailleurs un petit vertige, c'est l'ivresse
oxygénée.

Bien sûr, l'activité physique n'est pas nuisible mais on
voit ici l'intérêt, après une course, de se reposer et de
respirer allongé et tranquille.

Du temps de nos grands-mères en corset, la respiration
était bloquée en haut ; aussi les malaises, pertes de
connaissance et pâmoisons heureuses et parfois stratégiques étaient nombreuses.

42

On voit là la nécessité de cette respiration plus basse.

Le port de bretelles, à vrai dire, est favorable à une bonne respiration.

Respirer, c'est aussi investir son espace intérieur.

On en verra le bénéfice dans la conquête de l'espace environnant. Quatre étages du corps sont intéressés par la dynamique respiratoire :
- la tête, par le nez, la gorge ;
- le thorax, avec le mouvement même des poumons, la présence du cœur, le jeu des côtes ;
- l'abdomen ;
- le bassin, par le jeu de la poussée du diaphragme.

Cette présence de la respiration est unificatrice.

Symboliquement, elle réunit les sphères hautes, cette partie supérieure du corps, ce thorax où s'épinglent les diverses médailles du mérite social et qui se bombe pour être beau, et le bas du corps, siège des fonctions sexuelles, centre de gravité, du lien à la terre.

Ainsi la respiration relie en nous les sièges des passions, des émotions, des pulsions et des pensées, pour reprendre les mots des siècles passés.

Curieusement, ou plutôt naturellement, on observe deux types de chant dans notre culture : l'un, haut, chanté presque sur la pointe des pieds, élévation vers le Seigneur, au sein d'églises illuminées, et le Grégorien, bas, ventral pour des moines en monastère dans le calme et le retrait.

Il y aurait beaucoup à ajouter sur cette symbolique profonde de l'inspiration, de l'expiration et de la respiration.

Ici relevons simplement la notion d'équilibre, de recentrage, d'appropriation, bien utile dans un monde parfois dépossédant.

Enfin, respirer, c'est aussi respecter votre dos, et nous avons vu l'intérêt d'économiser son énergie dans les positions de la vie courante.

Lorsque l'on sait que 30 % des arrêts maladie chez les personnes jeunes sont dus au mal de dos, le bénéfice est personnel mais aussi social.

En cas de stress, la respiration se bloque en position haute et s'accélère en perdant de l'amplitude.

Le diaphragme est sollicité et sa course perd de son ampleur naturelle.

Ce muscle est transversal, mais plus haut en avant qu'en arrière.

Il va alors tirer sur ses insertions postérieures fixes, et ainsi le bas du dos a tendance à se creuser.

Comme nous sommes faits pour être à peu près droits, le dos va compenser et se courber. En effet, si nous ne rectifiions pas alors la ligne du cou, nous ne verrions rien, aussi nous faut-il accentuer la courbure de la nuque.

Sont ainsi dégagées les trois zones douloureuses du dos, qui sont le lieu de nos tensions.

« J'en ai plein le dos », « je l'ai sur le dos », « être éreinté », etc., nombre d'expressions populaires montrent la fatigue du dos, physique et mentale.

S'allonger et laisser en respirant le dos perdre cette cambrure de fatigue et de stress, sentir peu à peu son creux lombaire diminuer et enfin presque toute la colonne toucher le sol délassent formidablement.

Et bien sûr, **respirer est le mouvement naturel de détente spontanée** (respirer un coup, souffler, soupirer, etc.) et volontaire (j'ai respiré un grand coup, j'ai soufflé à fond, etc.).

Autant d'expressions pour répondre à d'autres : « pas le temps de respirer, de souffler, j'en suis resté sans souffle, sans voix », etc.

En somme, le stress au niveau respiratoire rend l'expiration déficitaire (on n'a pas pu souffler) et, croyant manquer d'air, on n'arrête pas d'inspirer, entraînant alors une sorte de suffocation par trop d'air ; la poitrine devient haute, pleine, paralysant le mouvement rythmique du bas du corps, le muscle diaphragme raccourcit sa course.

C'est là qu'il faudrait faire l'inverse, souffler, vider le plus possible, et c'est le rôle instinctif du soupir : remettre le diaphragme dans un « bon rythme ».

La plupart du temps, on ne s'accorde pas ce temps ; au contraire, on se fige dans cette attitude, les épaules hautes, et, comme on l'a vu plus haut, cela entraîne de mauvaises positions, des segments environnants : cervical, dorsal, lombaire, placement de la tête.

Les muscles inspirateurs, dont le diaphragme est le principal, beaucoup plus nombreux que les expirateurs, deviennent peu à peu très puissants et se maintiennent dans cette position inspiratoire, responsables à terme d'arthroses, de déficit d'amplitude, de mauvaise oxygénation.

Toutes ces choses sont peu favorables au plaisir et à la performance.

Si vous comprenez que bien souvent, par ailleurs, les conseils de vos entraîneurs sont assez loin de la physiologie de la respiration, il vous reste à bien suivre les quelques propositions de fin de chapitre !

La respiration libre est positive.

Plus encore, vous pouvez vous en servir pour monter votre tonus en respirant fortement plusieurs fois avec blocage en inspiration (sans excès).

Vous pouvez aussi dans l'exercice suivant inscrire un concept, un mot, un projet sur votre respiration et ainsi le percuter au sein même de vos cellules, technique très efficace.

Vous pouvez l'associer à un rythme de la nature, et l'image choisie définira la dominante détendante ou tonique de votre exercice.

46

Bien respirer, c'est bien communiquer

La respiration est bien sûr communication par nature, air échangé, transformé par l'haleine donnée et reçue. Elle s'entend, elle se voit, elle véhicule la voix (son, timbre, rythme, débit, etc.), elle est la première à manifester l'émotion, elle est « contagieuse », etc.

Votre respiration, son rythme, créent chez l'autre un effet : détente, équilibre, tension, désagrément ou agacement.

Tout le travail sur la communication est à base de respiration. Mais dans ce livre, davantage axé sur la physiologie de l'action, la dimension relationnelle à l'espace et au temps, nous n'aborderons pas cet aspect.

Respiration, dite synchronique

Allongez-vous, respirez à votre façon deux ou trois fois et fermez les yeux,
sentez les points d'appui, talons, mollets, cuisses, fesses, bras, dos, tête,
respirez un peu plus profondément et, en soufflant, appuyez-vous davantage sur ces points de contact,
détendez votre visage (on peut le contracter et le relâcher), front, yeux, mâchoire,
relâchez les bras jusqu'au bout des doigts,
le thorax,
la colonne vertébrale, en descendant doucement par la pensée le long des vertèbres,
la paroi abdominale,
les muscles du bassin,
les fesses,

les jambes, jusqu'au bout des pieds,
et maintenant, laissez tranquillement venir les sensations.
(ceci sert de base à tout exercice allongé)
Choisissez ensuite une phrase ou un mot qui corresponde
à une chose que vous souhaitez développer ou acquérir,
à l'inspiration, laissez venir ce mot, cette phrase,
bloquez quelques secondes la respiration et sentez-la,
visualisez-la, puis en soufflant doucement, laissez-la
comme imbiber votre corps, s'y déposer, y vivre.
Faites ainsi l'exercice trois fois,
puis revenez à vos sensations de l'instant,
et après une minute environ, faites votre reprise, contractez vos muscles des mains, des mâchoires, étirez-vous
comme après un sommeil et n'ouvrez vos yeux qu'à la fin.
Levez-vous doucement.

Au cours d'une discussion, essayez de laisser votre interlocuteur s'installer dans un rythme qui est le sien. Laissez-lui le rythme de ses phrases, aidez-le à s'instal-ler, à prendre place, afin d'éviter ces essoufflements de début, source de perte de temps. Ne terminez pas avant lui ses phrases, laissez les silences utiles se pro-duire, soyez sensible à cette information que sont les signes de stress qui passent par sa respiration.

En groupe, essayez de sentir la respiration du groupe, libre circulation des souffles, des gestes, des phrases.

Favorisez les temps debout permettant la descente de la respiration, et aussi la présence d'eau sur les tables, la déglutition permettant souvent de retrouver une meilleure respiration.

Créez en somme les conditions d'une bonne respiration, gage d'efficacité et de communication.

En résumé

Le diaphragme est le muscle de la respiration.

Naturellement le diaphragme s'abaisse et le ventre gonfle à l'inspiration.

La respiration sert à :
– l'oxygénation, le cerveau étant un grand consommateur d'O2 ;

– l'intégration de son espace propre, source d'équilibre ;

– le maintien d'une colonne vertébrale souple.

Ses modifications sont les premiers signes du stress. Elle favorise, à l'opposé, la gestion du stress. Elle constitue un des éléments essentiels de la communication. Elle est porteuse d'une grande richesse symbolique.

Propositions d'action

Plusieurs fois par jour*,

vérifiez que vous ne bloquez pas votre respiration,

relancez une respiration plus ample, étirez-vous et soufflez.

En parlant, prenez le temps de respirer.

Harmonisez gestes et respiration.

Avant ou pendant un stress, essayez de descendre vos épaules et de respirer un peu plus bas.

Pratiquez les exercices intégrant un mot pour vous dynamiser ou vous détendre.

* attente, feux rouges, pauses, etc.

5. La diététique de l'action

Ce titre pour essayer de « coller » à la réalité quotidienne. On trouve une diététique de la santé, de chaque maladie bien sûr, de la forme et des formes, anti-stress, sportive, du sommeil, etc.

Essayons de nous situer dans un projet qui nous permettrait d'être actif physiquement et mentalement dans le cadre d'une vie personnelle et professionnelle.

Deux difficultés

La diététique est la moins avancée des sciences de la santé. La notion de santé est récente, la médecine a toujours découvert et étudié le corps à travers ses maladies. « Que faut-il faire pour aller bien ? », nous échappe ou se résume à une sagesse populaire non dénuée d'erreurs.

La qualité de l'aliment n'est pas unique, mais multiple :
valeur calorique ;
constitution chimique : protides, glucides, lipides ;
constitution moléculaire : petites et grosses molécules ;
structure physique et absorption ;
teneur en vitamines ;
teneur en métaux, oligo-éléments ;

sans parler de l'origine de l'aliment, de son traitement et de sa préparation, des complémentarités, etc.
et de sa valeur énergétique, de sa valeur sociale, symbolique, etc.

Ne cédons pas au découragement, cette imprécision vous servira à être de mon avis ou de l'avis contraire sans remords, selon ce qui vous plaira !

Il y a malgré tout un consensus de base sur certaines règles visant à ne pas charger l'organisme ; rappelons les aliments à éviter :

– le sucre,
– les graisses animales,
– l'alcool.

Le sucre appartient à la famille des glucides qui comprend des sucres rapides (souvent terminés en -ose) et des sucres lents (dits aussi « hydrates de carbone »).

Raffiné, il est nuisible pour l'organisme. Notre corps, dans son potentiel génétique, n'a pas de quoi faire face à cette arrivée massive de sucre que représentent les conditionnements modernes (sucres, confiseries, glaces, boissons sucrées, yaourts sucrés, etc.). Il a du mal à brûler ce sucre, et de ce fait les lipides, par exemple, ne seront pas brûlés mais stockés.

Les graisses animales sont surtout néfastes car riches en graisses dites saturées dont on connaît la toxicité pour les artères (conséquences cardiovasculaires et cérébrales). Il s'agit du beurre, du lait, des yaourts, etc., des viandes, et surtout du bœuf.

L'alcool est nuisible pour deux raisons. C'est du sucre et, comme lui, il apporte ce qu'on nomme des calories vides, c'est-à-dire une énergie immédiate mais sans autre apport. Le vin apporte quelques minéraux certes, mais c'est trop cher payé. L'impression de coup de fouet du vin est due à cette puissance calorique. Mais le travailleur manuel que l'on cite comme exemple de la valeur énergétique du vin n'oublie pas pour autant son solide casse-croûte.

La seconde raison, c'est sa toxicité sur les vaisseaux par l'intermédiaire d'une atteinte de leurs nerfs.

D'où l'inconvénient de la triade tabac, alcool, pilule contraceptive, les trois ayant le même type de toxicité (préservez votre cerveau de demain).

À partir de cette base, vous êtes déjà bien avancé dans la voie du tonus et de l'équilibre.

Vous pouvez essayer d'améliorer encore plus le long terme :
– manger plus de céréales, pain complet, légumes verts, fruits en dehors des repas ;
– s'intéresser à l'origine des produits, étudier leur cuisson, compléter vos connaissances diététiques.

Alimentation et action

Repérons les rapports plus étroits entre votre alimentation et votre efficacité, votre métier.

Le problème du sucre est essentiel. Lors de l'arrivée de sucre dans le corps, l'insuline est secrétée immédiatement, pour le brûler et le stocker dans le foie. Si ce sont des sucres rapides en excès (type glucose, par exemple), le pancréas, comme affolé par cet état anormal, secrète trop d'insuline. Celle-ci dépasse son but et le taux de sucre diminue dans le sang. Nous sommes très sensibles à ce dosage, ce manque appelle le sucre et... rebelote. L'afflux de tonus immédiat se paye d'une chute ensuite.

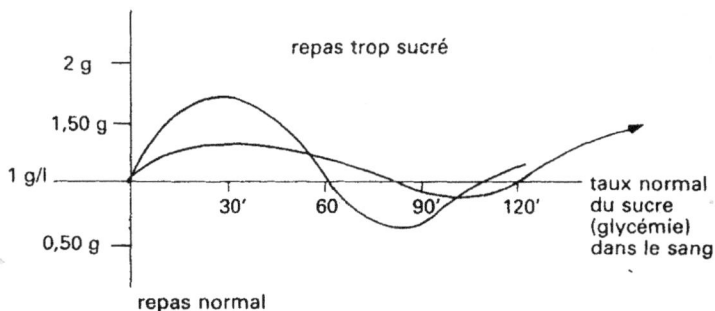

Ainsi le sucre appelle-t-il le sucre. Si ce n'était pas un aliment nocif, il suffirait d'en prendre régulièrement. Le café souvent sucré que vous prenez répond souvent à cet appel.

Il faut donc garder l'apport énergétique des sucres mais en prenant plutôt des sucres lents (les 3 P : pommes de terre, pâtes, pain et certains légumes). Le petit déjeuner sera consitué de pain ou céréales en évitant confitures et lait (le lait est le seul aliment animal contenant du sucre « rapide »).

Enfin, les rapports entre le sucre et la vigilance sont nets. Ces chutes de sucre s'accompagnent d'une fatigue, de sommeil, d'un « coup de pompe ». Les sucres lents évitent ces à-coups.

Rappelons que le cerveau a besoin de glucose pour fonctionner, qu'il n'en a pas en réserve et utilise celui du sang circulant, d'où l'intérêt d'une glycémie équilibrée.

Le chocolat est « très tendance ». Très tonique, il a une bonne valeur énergétique. On l'utilise avec succès en relais de l'alcool pour un sevrage. Tonique et détendant (rôle du magnésium), il peut être utilisé à l'occasion. Son inconvénient est qu'il se surajoute à l'alimentation bien souvent.

Le cerveau a aussi besoin de corps gras et d'acides aminés.

Une alimentation correcte lui convient. À noter que la cervelle est un bon aliment du cerveau, comme pensaient les anciens (à utiliser si vous n'avez pas de cholestérol).

Tonus et vigilance

– Il n'est pas besoin d'être savant pour reconnaître les effets d'un repas copieux et arrosé. Insistons surtout sur l'alcool ingéré avant le repas (alcoolémie très rapide), et conseillons de ne boire que peu de vin et de préférence après le premier plat. Le tableau page 57 étonne bien souvent.

– Trois à quatre repas par jour conviennent mieux que deux trop riches. Rappelons que 1600 calories en 4 fois 400 font maigrir plus que 2 fois 800, bénéfice secondaire.

– Sauter un repas ?

Souvent la femme ou l'homme d'affaires saute son repas de midi. Gain de temps, difficulté à trouver un lieu correct, souci de dynamisme sont les raisons les plus invoquées.

Une fois de temps en temps ne pose pas de problème, d'autant qu'il y a souvent rattrapage à 16 heures. En revanche, l'habitude de ne pas manger à midi est néfaste. Au fil du temps, nervosité, surmenage, dépression peuvent s'installer plus aisément.

La pause

À la pause, boissons sucrées et café sont disponibles au distributeur, rarement de l'eau. Les pauses sont sucrées. Nous avons vu l'inconvénient de ce type exclusif de grignotage à propos du sucre. Ayez toujours de l'eau à portée de main et demandez l'installation de fontaines avec leurs gobelets près du distributeur de boissons. Prévoyez des fruits faciles à manger et à conserver comme les pommes, les bananes ou les figues sèches.

Le café

Controversé, il crée sûrement une accoutumance, nombre de migraines du week-end sont attribuées à son arrêt. Il a sûrement un effet psychique avant d'être physiologique. La caféine commence à passer dans les centres nerveux seulement trois heures après l'absorption. Le coup de fouet immédiat vient donc de facteurs divers : conditionnement positif, chaleur, convivialité de l'instant ? Pour beaucoup, le passage au décaféiné ne change pas grand-chose, pour d'autres il a un effet réel et mesurable. Trouvez votre dose, tenez compte de l'effet à retardement (pour être éveillé à 23 heures, le prendre en apéritif à 20 heures), ne dépassez pas quatre express, si vous êtes accro..., ne le sucrez pas.

Les édulcorants progressent régulièrement en efficacité et absence de nuisance.

Le jeûne

Pratiqué par certaines plus que par certains un jour par mois ou encore un jour par semaine, il ne peut ni être indiqué ni être déconseillé de façon claire. Si vous l'essayez de votre gré (vous y contraindre n'aurait aucun sens), la règle essentielle est de l'accompagner de repos et de ne boire que de l'eau.

À propos d'alcool

Pour une dose équivalente d'alcool, l'alcoolémie sera fonction :

– du sexe, du poids ;
– de l'heure d'ingestion ;
– de l'absorption simultanée d'aliments.

Alcoolémie approximative d'un individu de 75 kilos, une heure après l'absorption de la boisson

Boisson consommée	Qté	Alcool en g	À jeun	Au cours d'un repas
1 verre d'apéritif anisé à 45°, étendu d'eau	2 cl	7,2	0,13	0,09
1 verre de bière à 5°	25 cl	10	0,15	0,10
1 verre d'apéritif à 16°	6 cl	7,6	0,15	0,10
1 verre à liqueur de digestif à 35°	3 cl	8,4	0,20	0,16
1 whisky à 40°	4 cl	12,8	0,36	0,24
2 verres de 12,5 cl de vin à 11°	25 cl	22	0,42	0,28

(D'après un dossier documentaire du Haut Comité d'Études et Informations sur l'alcoolisme).

Action et plaisir

Mais manger n'est pas seulement absorber le nécessaire ou le superflu. Manger est un acte fondateur, social, symbolique. La recherche du plaisir est la base biologique de nos actes. Son rôle social est considérable, du « mange » de la mère à l'enfant (qui marque déjà la prééminence gratifiante du sucré) au statut social qui permet le choix, et à la convivialité.

La diététique n'est pas l'alimentation, elle est une réflexion sur les liens de l'alimentation et de la santé. Le plaisir n'est pas son affaire. Notre difficulté est que cette biologie du plaisir à laquelle croit Laborit, qui nous pousse à prendre, c'est-à-dire à vivre, se trouve confrontée à une socialisation de l'alimentation souvent contraire à notre santé.

Aussi vous faut-il trouver un juste équilibre entre votre goût de l'action et votre goût (le sens) des bonnes choses.

Ce dosage est délicat et le stress, qui exige des récompenses immédiates, est un autre obstacle. Une sorte d'éducation de son plaisir, amicale et déterminée, est probablement la solution aux problèmes posés pour toutes ces tendances contradictoires pour ne pas dire conflictuelles.

L'organisation spatio-temporelle des repas sera déterminante dans cette régulation.

C'est aussi toute notre symbolique alimentaire, nourrie au terroir d'origine, aux rapports d'enfance avec la faim et la satiété, aux images maternelles, à la structure de notre appétit de vie, qui est en jeu.

Régime, régimes et règles alimentaires

Excluons les régimes dus à une maladie.

Le régime amaigrissant est souvent le premier régime de la femme ou de l'homme actif.

Il s'accompagne souvent d'un bien-être dû au plaisir de la perte de poids, et de la diminution de la surcharge alimentaire fatigante par elle-même.

D'où la confusion entre régime amaigrissant et diététique de l'action. Dans le premier, la recherche est limitée dans le temps et l'impasse est faite sur les caractéristiques nutritionnelles des aliments autres que celles liées au poids, et l'avenir n'est pas intégré dans les données de base.

L'homme et la femme répondent très différemment au même régime. L'homme bénéficie plus souvent de ses effets, car il a souvent une alimentation trop riche : souvent, quelle que soit sa démarche, il gagne au change. Il est à noter que les grands succès médiatiques des régimes Atkins dans les années 70 et Michel Montignac pour les années 90 ont tenu leur succès des hommes. La femme, souvent déjà sous sa propre surveillance et utilisatrice de régimes saisonniers, a une surcharge pondérale de nature différente et bénéficie moins de ces engouements.

Il s'agit d'adopter, plutôt que des régimes, certaines règles comme celles que nous avons énoncées au début de ce chapitre et de continuer à réfléchir sur nos comportements alimentaires.

Sachons enfin que tous les régimes ont quelque chose de mystérieux, ils marchent bien la première fois, moins la seconde et pas du tout la troisième !

Propositions d'action

Éviter le café systématique lors de la pause, boire plus d'eau. Avoir une coupe de fruits frais ou secs en réunion, au travail. Au déjeuner, éviter le vin ou en prendre un verre à la fin du repas.

Se méfier des sucreries rapides :

– à court terme : effet tonique suivi d'un effet inverse ;
– à long terme : santé.

Repérer ses propres réactions et inventer « sa diététique ».

Bibliographie

Stella et Joël de ROSNAY, *La Malbouffe*, Actuels-Points
(remarquable en tout point, une base)

J.-M. BOURRE, *La diététique du cerveau*, Éd. Odile Jacob
(rien de pratique, mais un plaisir de la connaissance)

6. Formation sportive/formation économique : parallèle

À la demande d'IMA du groupe ALGOE, j'ai animé à Lyon, une conférence dont le thème était « Les commerciaux. Conscience et performance ».

Ce livre est peut-être né ce jour-là.

Il m'apparaissait clairement que l'on demandait à chacun d'être de plus en plus performant, à tout niveau de la société, sans pour autant élever la qualité de la formation sur le plan des aptitudes à l'effort.

La formation était technique et encore technique, avec en plus un grain de fantaisie destiné à souder les équipes, à montrer qu'on était moderne et à la pointe (grands jeux, stages extrêmes, etc.). Ces dernières formations ludiques étaient semblables à une cerise confite en haut d'une pièce montée et tout aussi incapables qu'elle de donner du goût au reste.

Médecin, j'avais travaillé quelques années auparavant avec J. Michel Fourtanier, responsable de ressources humaines à l'Aérospatiale.

Lui-même, marathonien et cycliste, était très au fait des progrès de la médecine et des techniques annexes.

Tout à fait novateur, il recherchait aussi une approche de type événementiel qui aurait préparé un dirigeant de façon très particulière pour une négociation difficile. Il s'agissait de reproduire la formation du sportif en fonction d'une échéance type Jeux Olympiques, en intégrant la préparation physique et physiologique de façon ascendante pour être optimum le jour J. Certaines expériences de ce type, qu'il suivait avec intérêt, étaient menées aux États-Unis.

Pourtant, l'attitude générale, bien loin de ces préoccupations extrêmes, se résume bien souvent à de traditionnelles injonctions : manger moins, bien dormir, faire du sport.

Enfin, il devenait agaçant d'entendre sans cesse faire le parallèle à la mode entre compétition économique et compétition sportive sans que, de diverses façons, des conséquences en soient tirées.

J'essayais pour cette conférence de faire un parallèle entre la formation du sportif et celle d'un vendeur, le thème étant axé sur les forces de vente. Par ailleurs, ce secteur bénéficie souvent des meilleures formations.

Le résultat est, vous le voyez sur ce tableau, assez saisissant.

Compétition sportive – Compétition économique (parallèle)

	Sportif	Vendeur
Préparation technique		
– Formation technique	+ + +	+ + +
– Dotation en matériel	+ + +	+ +
– Stages de formation	+ + +	+ +
Préparation physique		
– Bilan de santé	+ + +	0
– Surveillance médicale	+ + +	0
– Formation diététique	+ + +	0
– Entraînement	+ + +	0
Préparation psychologique		
– Motivation	+ + +	+ + +
– Soutien de l'équipe	+	+ +
– Écoute personnelle	+ +	+
– Aide spécialiste	+ +	0
– Anti-stress, relaxation	+ +	+
Préparation événementielle	+ + +	+
Préparation culturelle		
– Rencontres	+ +	+
– Sur le métier	+ + +	0
+++ très bien ++ bien + existe 0 nul		

Analysons ce tableau en imaginant, du côté sportif, un perchiste par exemple.

Préparation technique

Elle est très bonne dans les deux cas.

Le matériel peut, dans les deux cas, être le meilleur possible, mais le perchiste a un matériel adapté à son gabarit, à ses goûts, on l'a interrogé... tandis que le vendeur ne choisit pas toujours sa voiture, son ordinateur, etc.

Les deux bénéficient de bons stages, avec un léger avantage toutefois pour le sportif qui peut s'offrir des stages à son goût.

Préparation physique

Dans quelques cas, l'entreprise intègre un centre sportif et offre des bilans de santé à ses salariés, c'est peu en comparaison des centres sportifs, bien sûr.

Préparation psychologique

Tous deux sont en principe bien encadrés et soutenus.

L'équipe commerciale est parfois plus unie que la sportive où les dissensions sont importantes.

L'écoute d'un problème personnel qui gênerait la concentration est plus aisée avec un entraîneur, elle existe plus rarement dans l'entreprise.

En revanche, l'aide de psychologues et de relaxateurs est seulement admise au sein de l'équipe sportive.

Préparation événementielle

La préparation à un événement est la spécificité du travail d'entraînement du sportif. Dans le domaine de

64

la vente, on trouve seulement des préparations à des campagnes.

Préparation culturelle

Attardons-nous un peu sur ce point.

Le sportif sait beaucoup de choses sur son sport : les anciens champions, les qualités techniques des différents matériels, les méthodes des autres... rencontrés à l'occasion de meetings. Un perchiste discute avec son homologue, mais aussi avec le sauteur de triple saut, de haies ou avec un haltérophile. Il glane des connaissances transférables. Il fait des stages à l'étranger.

En entreprise, les transferts de connaissance se font avec les transferts d'individus.

Quel commercial connaît les techniques de vente au XIXe siècle, le rôle des colporteurs au XVIIIe... ?

On n'a pas vu les commerciaux de Rank Xerox rencontrer l'équipe de vente d'Olivetti ou de Sony. C'est tout juste si les vendeurs rencontrent leurs ingénieurs au sein de leur propre société.

Au total, abandonnons le parallèle ou acceptons-en les conséquences.

La pratique individuelle du sport est une ressource merveilleuse. Mais combien même de sportifs assidus connaissent quelque chose au fonctionnement de leur corps ? Après ce premier chapitre, vous en savez déjà plus que la moitié des entraîneurs français.

Bien plus, le même individu soucieux de sa forme néglige tout respect envers son corps dans le travail, adoptant n'importe quelle position, geste, rythme, aération, alimentation, etc.

Enfin, au fur et à mesure qu'il s'élève dans l'échelle hiérarchique, il abandonne formation, auto-évaluation, confrontation. C'est là qu'il semble le plus opposé au sportif qui, d'autant plus qu'il est champion, s'assure une équipe d'entraîneurs et développe son écoute.

Tous les sportifs dont je me suis occupé m'ont étonné par leur disponibilité et leur goût d'apprendre.

Comparaison n'est pas raison, dit-on, et c'est clair dans ce cas, car les parcours socio-professionnels sont bien différents. Toutefois, comme en sport, la différence se fait souvent à l'avantage de celui qui, en plus du don, est également en bonne condition physique. Le travailleur de demain ne pourra négliger un travail personnel sur la concentration, la récupération, les rythmes, la fatigue, le stress, etc., s'il veut se maintenir au premier rang (et sa société avec lui). On retrouve ici l'axe de ce livre.

Chapitre 2

Action et temps

Notre but n'est pas ici de reprendre ce qui est traité dans les séminaires dits de « Gestion du temps ».

Savoir dire « non », déléguer, utiliser un agenda en sont les points forts, toutes choses fort utiles dans la vie professionnelle.

Ces formations ont pour but de vous éclairer sur votre répartition d'un temps « horloge ». Leur titre même ne peut se concevoir que dans le cadre d'un temps déjà géré, celui du travail.

Qui croit y gérer sa vie fait une confusion.

La vie se ressent et se réfléchit plus qu'elle ne se gère, et le temps lui-même se charge de nous remettre vite à la raison avec ses accélérations, ralentissements, arrêts, retours en arrière, etc.

Que dire de ces cinq minutes qui paraissent une éternité, lorsqu'au café vous attendez l'homme ou la femme que vous aimez.

Notre propos est ailleurs.

Il s'agit de faire un lien entre le temps du travail, tel qu'il se déroule apparemment dans une structure et une fonction, et un temps physiologique, biologique (intime et cosmique).

Montrer, en somme, comment toute action qui se déploie dans un champ social, qui nous semble même presque objectif à certains instants, se vit dans un corps et ses rythmes.

Nous avons consacré un chapitre important au sommeil, sujet qui nous vaut de nombreuses demandes de renseignements, et à l'usage des pauses, dont vous découvrirez l'efficacité. Le rapport entre temps vécu et temps de l'horloge ainsi qu'une réflexion générale clôturent l'ensemble.

Temps biologique

Nous percevons le temps dans notre corps sous forme de rythmes, d'alternances : la respiration, le cœur, les rythmes alimentaires, excrétoires et bien sûr la veille et le sommeil.

Ces rythmes, nous les découvrons souvent lors de leur modification. La respiration qui manque, un cœur qui

68

s'accélère, une perte d'appétit, des troubles du sommeil nous révèlent ce qui n'attirait pas notre attention.

Quand je demande des chiffres, combien de respirations par minute, par exemple, je suis inquiet de ce que cela donnerait en respiration artificielle au bord d'une route ![1].

Peu importent les normes dans notre propos, mais de temps en temps, il est nécessaire de se mettre à l'écoute de ces mouvements profonds d'échange : inspiration et expiration, relâchement et contraction du cœur, sentir une respiration, un cœur, sans nécessité de jogging ou d'état amoureux, tant cela est très étonnant, très « inscrivant » (si vous permettez ce mot).

Nous avons traité de la respiration dans la première partie, dans son lien à la dynamique tonique. L'exercice lié à l'image d'un rythme de la nature, par sa symbolique, apporte souvent un bien-être.

Ce lien aux grands rythmes de la nature, la femme a la chance de le percevoir aussi avec ses règles, espacées le temps d'un cycle lunaire. Elle ressent aussi la durée dans sa maternité, ces neuf mois qui vont continuer à intervenir dans nos rythmes affectifs[2].

L'être humain essaie sans cesse de s'affranchir de ce qu'il considère comme une tutelle biologique.

---

1. Pouls autour de 70/minute. Respiration 15/minute (Insp. + Exp.).
2. On ne met pas un enfant à la crèche à neuf mois mais avant huit mois ou après dix.

Il est préférable au contraire de s'y glisser, de jouer avec ses rythmes, de les intégrer comme le surfeur utilise la vague sans la contraindre.

1. Physiologie de la vigilance

Utilisation personnelle et professionnelle

Depuis longtemps, l'EEG (électroencéphalogramme) nous sert de mesure. Ses tracés, qui reflètent l'activité électrique du cerveau, restent la base de l'étude de la vigilance.

Sous une forme réduite, avec quelques électrodes posées sur le cuir chevelu, il sait être discret et nous avons maintenant des « holters » électroencéphalographiques, pour un enregistrement continu de l'activité. L'appareil enregistre des caractéristiques de l'onde électrique : forme et rythme. Or, bien que se manifeste, une bascule nette entre un type d'aspect diurne et un autre nocturne, des aspects de veille apparaissent dans le sommeil et inversement.

Au holter, on observe des rythmes lents comparables à ceux du sommeil alors que la personne observée prétend être bien éveillée.

Mon ami, le Dr. Roland Sonkin, qui co-anime souvent des séminaires avec moi, s'amuse à dire au groupe apparemment attentif que les deux tiers au moins d'entre eux sont en état de sommeil déjà avancé, leurs yeux ouverts étant le seul reste de vigilance ! Si certains en conviennent, d'autres s'en étonnent ou s'en agacent. Certes, il ne fait pas cette allégation à n'importe quel moment mais vers les 11 ou les 15 heures.

Voyons sur le schéma ci-dessous les rythmes d'une journée.

11 h   15 h

Vous remarquez que loin d'être stable, votre vigilance se modifie. Vous trouvez la chute du début d'après-midi que l'on constate chez tout individu, quelle que soit son alimentation de midi. Cette chute peut être plus prononcée bien sûr après un repas copieux et bien arrosé.

Plus étonnante est cette baisse de fin de matinée pas toujours perçue ou mise sur le compte d'un petit déjeuner trop sucré ou insuffisant.

Pour certains, cette courbe confirme ce qu'ils ressentent, pour d'autres, non. Nous ne sommes pas tous pareils et dans notre organisation du sommeil et dans notre nature, et nous n'analysons pas toujours finement notre état tonique.

À l'intérieur de ces grandes phases, d'autres périodes moins marquées, correspondant à des ondulations à distance de nos rythmes du sommeil.

Enfin, il nous est souvent demandé quel est le temps d'attention maximum continue d'un individu. On évoque les quarante-cinq minutes de l'écolier ou les dix minutes d'autres tests. En fait, il serait surtout intéressant de repérer votre propre fonctionnement et si les normes statistiques sont toujours intéressantes, ne serait-ce que pour connaître les autres, nous verrons que l'auto-observation est aussi simple et plus efficace.

Aussi, retenons la variété de notre vigilance car nous ne sommes pas des « systèmes » stables.

Un médecin ergonome d'un grand groupe industriel demande à ses ingénieurs de mettre au point des systèmes qui tiennent compte de cette variabilité. Il est très difficile pour un ingénieur, et pour nombre d'entre nous, d'admettre que le système de pilotage soit commandé ou contrôlé par un individu fluctuant : résistance parce que cela le renvoie à lui-même, résistance car la fantaisie du biologique l'agace ?

Ce même médecin leur demande plus encore : prévoir des systèmes qui s'adaptent au vieillissement de celui qui les pilote, l'âge étant encore une variable supplémentaire à intégrer, d'autant plus qu'on s'oriente vers une retraite plus tardive.

Admettre la réalité physiologique des individus, c'est être réaliste.

Il s'agit, dans la mesure du possible, de faire coïncider vos moments de forme avec les moments importants de votre journée : un rendez-vous délicat, une décision à prendre, un moment de synthèse personnelle, etc. À l'inverse, vos moments où la vigilance est moindre seront consacrés à ces activités exécutables en pilotage automatique : affaires courantes, notamment.

On peut, par exemple, mettre le rendez-vous important de la journée à 11 heures ! Les affaires courantes sont expédiées, le téléphone plus calme : moment donc de tranquillité, de disponibilité certes, mais aussi de moindre vigilance, de moindre acuité intellectuelle, décisionnelle ou créatrice. C'est, pour la société, le meilleur moment, mais pour vous ?

Vous pouvez, bien sûr, transférer l'heure de cet exemple selon vos repères personnels ; vous n'avez pas non plus tout pouvoir, mais quand vous pouvez suivre votre rythme, profitez-en.

À cet endroit, certains d'entre vous sourient, se sentant toujours en forme. Dans ce cas, soit ils ne sont pas attentifs à leurs changements, soit ils ne percutent jamais leur limite maximum.

Méfiez-vous ici des agendas bien appris en séminaires qui n'intègrent en rien cette physiologie du temps.

Cet homme manifestement du matin et qui l'affirme ne reçoit-il pas régulièrement des dossiers fournis en fin de matinée et à traiter l'après-midi ? Ce commercial qui travaille par à-coups se voit demander des horaires de rendez-vous réguliers. L'autonomie souvent vantée à notre époque comme clé du succès se manifeste-t-elle clairement sur le plan des organisations horaires ?

Indépendamment d'une conformité sociale, amusante presque à une époque où l'on parle de chaos-management, qui fait arriver et partir tous aux mêmes heures, n'y a-t-il pas à tenir enfin un discours d'autonomie de fonctionnement, de référence au vécu propre de l'individu ? Mais comment le tenir pour l'autre si vous l'ignorez pour vous ?

Et là encore, dans ce cas, quelle difficulté à accepter le corps de l'autre !

Le but n'est pas de devancer une demande mais simplement que les conditions efficaces de son travail puissent être exprimées simplement et discutées. Il s'agit qu'elles soient entendues et étudiées comme des conditions mêmes de cette efficacité si prônée.

2. Les pauses :
moment - utilité - variété

Quel grand patron – celui-là même qui professe dans les revues son besoin de pause ou même sa courte sieste – est capable de conseiller une pause sur l'instant à son collaborateur qui semble en avoir besoin ? Quel dirigeant – qui dit en avoir découvert les immenses bienfaits – instaure dans son entreprise ces moments de récupération et leur lieu ? Quel manager inclut dans un plan d'équipe des temps de détente en y apportant autant d'insistance et d'intérêt qu'à l'organisation des temps de travail ?

Pourtant une journée, nous l'avons vu, n'est pas étale et aux moments de chute de tonus, un arrêt, une pause assurent une reprise rapide des activités. Cette demi-heure de lutte contre le sommeil où la fatigue peut se résoudre en quelques minutes de récupération, vous l'avez tous éprouvée.

Aussi consacrons-nous ces pages à la pause dont le bon usage est un tremplin pour l'énergie.

À quel moment ?

Lorsque la lassitude s'installe, du travail en cours, de la position, de l'environnement, etc., l'envie, le besoin vous prennent de faire une pause.

Une histoire est riche d'enseignement :

Une amie et sophrologue réputée raconte que, participant à une expédition de trekking avec un groupe d'américaines dans un but d'étude, elle partit bien entraînée. Or, dès le début du trajet, après une heure et demie de marche, intervint la première pause suivie régulièrement par d'autres. Un peu agacée d'être ainsi interrompue, elle se plia pourtant à la discipline collective. Discutant de ce rythme après quelques jours avec les autres participantes, elle se vit demander avec étonnement si elle attendait d'être fatiguée pour s'arrêter.

Elle comprit alors que c'était elle qui avait tort.

Ne sommes-nous pas tous comme elle, attendant les signes de lassitude pour nous arrêter ? Les mêmes dix minutes de repos venues au bon moment sont infiniment plus récupératrices que plus ou trop tard. Ainsi la même durée peut être très efficace ou juste un peu.

De plus, vous le savez, cette pause repoussée par vous ou les autres finit par se faire de toute façon et, disons-le pour être honnête, si elle ne se fait pas physiquement, elle se fait d'elle-même quand vous « disjonctez ».

Reconnaître ce besoin d'arrêt, le respecter dans la mesure du possible, est très profitable sur le plan tonique. Certains signes manifestent ce besoin : idées parasites, inattentions, rêveries, inconfort, mouvements répétés, bâillements, étirements, baisse de sonorité de la voix, agacement, énervement, etc.

À ce moment, même courte, la pause sera profitable car l'énergie est encore suffisante pour la gérer, l'organiser, l'inventer.

Une pause ne doit pas être stéréotypée.

Les trois pauses

La pause éclipse

Il y a la pause éclipse, ce moment où disparaissent lieux, objets, même gens du travail. Je m'éclipse quelques instants, disait-on à l'époque du langage choisi.

Le but est l'éloignement, la disparition du cadre habituel, « si je pouvais disparaître quelques instants », vous dit la secrétaire, « et ne plus vous avoir tous sur le dos ». Mais, comme par hasard, c'est bien étudié, nul endroit où disparaître ! C'est le premier degré de la pause.

Cette pause ayant pour objet un zapping de l'instant vous mène, comme à la télévision, n'importe où, c'est-à-dire... toujours au même endroit.

Les autres chaînes s'appellent ici toilettes, bureau d'un ou d'une collègue, distributeur automatique (cet appareil distribue des pauses aussi conditionnées que les produits qu'il contient). On ne s'y distrait pas toujours mais au moins on a changé de lieu. La pause est son vrai nom, je reprends le travail presque dans le même état qu'à mon départ.

La pause refuge, halte

Le but n'est plus seulement de partir mais aussi de se déstresser, de « se remonter le moral », de se faire un petit plaisir, de reprendre des forces.

C'est le deuxième degré.

Le mot « break » correspond mieux à cet esprit.

Ici, l'arrêt a un but, la pause sera moins stéréotypée. Souvent le besoin sensoriel de plaisir va orienter votre parcours. Le distributeur pourra, si c'est possible, être en concurrence avec le café d'un autre service ou du bar en bas, la pause « toilettes » moins expéditive, le lavage de mains plus tranquille, le miroir amical, la discussion avec un collègue plus ludique ou intime, etc.

Si je la nomme refuge, c'est dans le sens du refuge de montagne.

Je reprends mon travail avec de nouvelles forces.

Symboliquement, la première pause s'apparente à la virgule, la seconde correspond au point et au changement de paragraphe et la troisième, ou pause « sas », au changement de chapitre.

La pause « sas »

Le mot « sas » introduit le changement d'état : sas des centrales nucléaires, des services de réanimation, sas de décontamination, etc.

Dans chaque cas, il faut se déshabiller et revêtir une autre tenue adaptée à une nouvelle tâche ou un nouvel état. Cette pause, vous la connaissez lorsque devant votre travail, vous sentez le besoin de prendre autrement le problème, de revoir d'un autre œil l'objet de votre travail, de reprendre sur des bases nouvelles la discussion qui n'avance plus.

Cette pause ne peut se satisfaire seulement des premières stratégies. Il ne s'agit pas seulement de changer d'air ou de reprendre des forces mais vraiment de changer quelque chose en vous.

Elle doit vous dépouiller d'habits mentaux usés et vous revêtir d'autres, adaptés à un projet neuf. C'est une pause qui demande quelques instants de réflexion sur son emploi (et ce n'est pas facile car souvent la fatigue est là, stéréotypant les comportements). Elle doit se réfléchir par rapport à votre projet de changement.

Quelques exemples

1 – **Vous trouvez difficilement les mots exacts pour formuler vos idées, vous sentez que vous n'êtes pas clair :**

– respirez, oxygénez votre cerveau et, isolé, lisez quelques lignes d'un livre riche, dense, où les phrases unissent sensation et pensée (Pagnol, Proust, Grainville, etc. ;

– ou bien marchez en faisant le vide mental, attentif au rythme de votre marche et aux sensations de vos pas sur le sol.

2 – Vous vous sentez agressé, en difficulté :

– si vous devez rester dans le groupe, mettez-vous en pilotage automatique sur le plan de la conversation et reprenez les exercices de respiration basse, ou l'exercice du gobelet (cf. p. 81), ou bien encore envoyez-vous une image positive ;

– si vous pouvez vous isoler, reprenez ces exercices plus tranquillement, ou téléphonez à un ami sans évoquer votre situation mais pour le plaisir de sa voix ou de son rire.

3 – Des choses vous échappent dans la réunion en cours :

– asseyez-vous, relâchez les épaules, respirez, posez bien les pieds au sol et, les yeux fermés ou dans le vague, laissez venir les images de ce qui s'est passé.

Souvent nous nous laissons voler cet instant par faiblesse, par conformisme, par fatigue et suivons le groupe, prétendant que c'est par convivialité. En séminaire, la pause peut être un moment de parole utile, où souvent le « médecin » entend d'autres histoires plus personnelles. Il faut malgré tout, si le besoin s'en fait sentir, savoir s'isoler du groupe, pour se recentrer sur soi, sur son sujet, reprendre de l'énergie. À ce propos, il m'arrive de rappeler ces vers de Verlaine :

« jeunesse oisive à tout asservie
par délicatesse j'ai perdu ma vie »

En période de travail intense, de difficultés, de création, il peut être nécessaire d'être vigilant envers ses besoins de base. La délicatesse sera de savoir, avec quelques mots simples, expliquer un repliement inhabituel ou un comportement particulier, elle sera aussi de laisser à l'autre son « sas » de liberté.

Le chapitre suivant évoque l'usage des pauses en groupe. Nous y étudions moment et rythme sans revenir sur les trois types.

Une pause au distributeur automatique
« L'exercice du gobelet »

Tout en bavardant...
Vous vous posez bien sur le sol, en équilibre, les épaules souples et relâchées, vous tenez le gobelet en vous concentrant pour exercer juste la pression suffisante pour le tenir, pas assez, il vous échapperait, trop, vos doigts marqueraient leur empreinte (petites bosses visibles à l'intérieur) ; votre poignet est souple, sans cesse le réajustement s'effectue sans tension, cette concentration ne doit pas faire froncer votre front ou bloquer votre conversation ! Parallèlement, vous pouvez sentir au niveau de la pulpe des doigts la différence de température entre la partie pleine de café et celle qui est vide, ainsi vous faites marcher votre cerveau gauche (main droite en action) mais aussi le droit (la pulpe des doigts des deux mains lui est relié) ; en regagnant votre bureau, continuez à détendre mains, poignets, et à marcher, très présent à vos mouvements.

Pause en réunion de groupe

Roland et moi souriions de voir un ami, animateur d'un séminaire de conduite de réunion, être incapable de faire une pause. Il en parlait, vantait sa nécessité, mais lui-même, tendu par la volonté de passer le message maximum, l'oubliait, ignorant ainsi un des éléments essentiels de gestion du temps en groupe.

Isolons deux types de pauses :

– la première répond à des problèmes d'organisation. Elle doit permettre aux participants de téléphoner ou de se faire appeler et de prendre des informations. Fixée au début de la réunion, elle permet à chacun de participer sans idées parasites. Elle n'est pas de notre ressort, sauf dans son aspect déstressant ;

– la seconde est la pause classique prévue pour la détente de chacun, pouvant coïncider avec la première. Elle se fait de façon conviviale autour d'un café sur place ou au distributeur automatique.

Est-ce suffisant et efficace ?

Parents responsables, en colère contre l'école qui propose des cours de soixante minutes alors que l'attention s'épuise après quarante-cinq minutes maximum, vous vous donnez des phases de cent vingt minutes sans complexe. Pour une réunion de 9 à 13 h, la pause est à 11 h environ. Souvent fixée à dix minutes, elle en dure plus de vingt.

82

Si vous êtes responsable de la réunion, définissez d'emblée deux pauses de dix minutes. Dans le cas de l'horaire 9 à 13, fixez la première assez tôt à 10 h 20, avec reprise à 30, la seconde à 11 h 50, avec reprise à 12 h.

La première permet à ceux qui ont besoin d'un deuxième café assez tôt, qui ont oublié d'aller aux toilettes, qui n'aiment pas rester longtemps assis... de se maintenir en forme.

La seconde répondra aux mêmes demandes mais coïncidera mieux au rythme d'autres.

Dans les deux cas, vous permettez des stratégies personnelles de récupération et vous vous rapprochez d'une physiologie de l'attention. Il est à noter que l'annonce de deux pauses, notamment si la première est assez proche, mobilise rapidement les énergies.

Dans le cas de la pause unique, si vous souhaitez la maintenir, au moins ne figez pas son moment. Vous pouvez l'annoncer mais ensuite, modulez. Combien de fois entend-on, au cours des réunions, l'un des participants dire : « on n'avance plus depuis un bon moment » ou, de façon plus populaire, « on pédale dans le vide » ?

Si vous aviez observé les comportements, certains agacements, des étirements, des silences, des mouvements répétés, vous auriez pu interrompre la réunion plus tôt et gagner cette demi-heure inutile, quand elle n'a pas été nuisible (démotivation du sujet, disputes, etc.).

La fatigue ne crée pas seulement l'apathie mais aussi l'énervement auquel l'individu tient, car c'est ce qui lui permet paradoxalement de lutter contre sa fatigue ! En langage courant, on appelle cela « tenir par les nerfs », mais peut-on en attendre des résultats de qualité ?

Enfin, rappelons ici la nécessité de boissons fraîches et notamment de l'eau, et parfois de bonbons (sans sucre) qui, disposés à portée de main, permettent une reprise sensorielle et aussi une détente des mâchoires, de la gorge, du diaphragme.

Ces principes se retrouvent dans des réunions à deux, dans les rapports avec un client. Le choix des horaires, l'écoute de votre rythme et de vos besoins pour ne pas vous mettre en déficit d'énergie, peut aller de pair avec une attention aux besoins manifestés par l'autre. Il vous saura gré de proposer une pause, comme vous étant nécessaire, alors que manifestement il en éprouvait le besoin.

Les rencontres-défis, où les accords se font à l'usure, font partie d'une mythologie qui n'est pas toujours source de victoires durables.

Mais plus encore qu'un client, un collaborateur, surtout s'il est hiérarchiquement inférieur, saura apprécier cette prise en compte de sa nature.

Nous verrons que le rapport au temps diffère bien de l'un à l'autre, non seulement sur le plan physiologique mais aussi sur le plan psychologique et conceptuel.

La pause nous éveille à la variation, au jeu du temps. Il nous a paru nécessaire de réfléchir avec vous sur la façon dont nous pouvons changer ainsi de rythme.

Passer d'une activité, d'un environnement, d'un contexte à un autre nécessite une adaptation qui n'est pas toujours aisée.

Selon l'accord entre notre rythme corporel de l'instant et la charge de travail qui nous échoit, la même tâche peut paraître lourde ou légère.

Le retour à la maison et l'arrivée au travail (plus aisée en général !) sont très intéressants à étudier sur un plan quasiment énergétique, et vous verrez que cette réflexion n'est pas spéculative mais riche en retombées pratiques.

3. Savoir changer de rythme et se mettre en phase

Dans le travail

Changer à son gré ne pose pas trop de problèmes. La motivation prépare le terrain, l'image mentale de l'action suivante met en route son mode opératoire.

Changer à la demande d'un tiers, ou en raison d'événements extérieurs est plus difficile. Notre esprit et notre corps avaient adopté une vitesse commune, une position adéquate au travail mental et physique. Il faut se réadapter.

On vous demande inopinément d'intégrer une réunion assez difficile qui se passe mal alors que vous étiez en phase réflexive calme. Remontez votre tonus : contractez les mains plusieurs fois dans les poches, vos mâchoires, élevez le ton de votre voix, respirez rapidement et assez fort. Entrez « en scène » alors.

À l'inverse, assez passionné ou excité par votre travail, vous devez subir la lenteur d'un collègue auquel vous avez demandé un renseignement. Essayez alors de canaliser votre tension dans un poing fermé dans la poche ; mieux, si vous le pouvez, respirez assez bas et lentement en sentant l'énergie et en la plaçant. Vous pouvez aussi vous amuser à ralentir peu à peu votre pas sur le trajet de votre bureau et arriver comme au ralenti !

Pour tout changement, vous trouverez le système personnel qui convient. Le principe est d'agir sur ce qui est à notre disposition, notre corps et les lieux.

Travail-maison

Nous parlions au début de cet ouvrage du retour à la maison et de la déception parfois ressentie par l'équipe familiale devant votre arrivée crépusculaire !

Si nous abordons ce sujet intime, c'est que, bien sûr, le chez soi peut être un lieu de renforcement tonique, de récupération et d'équilibre.

Mais ce chez soi, surtout s'il est familial, a ses lois et son rythme du moment, pas facile à intégrer d'emblée. Dans un séminaire du CJD (Centre des Jeunes Dirigeants), j'avais eu la chance d'avoir presque autant de participantes que de participants.

Dans une discussion sur le thème du temps, le sujet du retour, et plus précisément à l'heure du bain des enfants, avait été évoqué.

Les hommes admettaient avec un peu de honte qu'ils essayaient de « sécher » ce moment. Ils remarquaient que, quel que soit leur comportement, il n'était jamais bon :

– assis dans un fauteuil, inactifs, ils s'entendaient dire que ce n'était pas la peine d'être là si c'était pour ne rien faire ;
– aidant plus ou moins adroitement à l'effervescence de l'instant, ils s'entendaient dire alors que si c'était pour faire ça, ce n'était pas la peine qu'ils soient là.

Dans les deux cas, ils avaient alors suivi les conseils de Napoléon en amour, ils s'étaient enfuis... en retardant leur retour.

En fait, il s'agissait bien d'une question de rythme : fatigués, aspirant au repos, démobilisés, ils arrivaient dans une maison vivant à un rythme élevé incompatible avec le leur.

Quelles solutions ?

La première était de s'expliquer déjà cette différence naturelle de rythme et de trouver un système qui leur aurait permis d'accrocher le train à petite vitesse avant l'accélération et la mise en réseau...

La seconde était d'utiliser le temps du retour, tout au moins dans sa dernière partie, pour se conditionner à l'action. Se projeter en situation, souple, actif et efficace : par exemple, installant un enfant dans le bain, séchant l'autre, vérifiant que le troisième est en train de faire ses devoirs, jetant un coup d'œil sur le feu, rangeant au passage quelque désordre, sortant le dernier de l'eau, évitant la dispute des deux premiers, vous rappelant qu'il manque du pain, pendant que votre femme fume, allongée sur le canapé en feuilletant sa revue préférée... À voir, sentir tout cela, vous arriverez de toute façon suffisamment speedé pour être au bon niveau de rythme !

Une autre façon (moins extrême) est de se voir arriver détendu et souriant, présent à tous, c'est-à-dire un vrai bonjour, un vrai regard, une écoute de ce qui est dit et une prise en compte.

« On n'a jamais une deuxième chance de faire une première impression ».

Nombreux sont les retours énervés ou fatigués où, après une heure, vous retrouvez la détente et le sourire. Mais à ce moment les autres n'ont plus envie, eux, de vous sourire et de jouer, éternelle et pourtant très négociable situation.

Enfin, rappelons sans cesse ce retour au corps pour changer son esprit. Descendre de voiture, marcher en respirant, en se relaxant, en sentant ses pas, remonter ou descendre le tonus selon son état : en quelques dizaines de secondes on peut changer.

D'autres enfin utilisent des méthodes symboliques : mes préoccupations sont dans mon attaché-case, je le pose dans un coin, elles ne reviendront que si je le reprends. C'est plus fruste, moins ouvert au monde des autres mais efficace sur la charge des soucis.

Je me souviens d'une dirigeante qui, à la suite d'un séminaire, m'avait rapporté la méthode qu'elle avait trouvée : en rentrant, elle se mettait à fond dans la sensation de ses pas et de leur bruit sur une allée en gravillons. Elle entrait ensuite détendue, comme après une douche.

Propositions d'action

Organiser son travail en fonction de ses rythmes personnels.

Faire la pause avant la fatigue.

Diversifier ses pauses selon les nécessités de l'instant.

Utiliser l'espace pour changer de rythme de travail.

Observer la dynamique de la vigilance des partenaires.

Intégrer les baisses d'énergie dans l'organisation.

Ne pas casser ses rythmes propres, les utiliser.

Utiliser les pauses en réunion de façon non stéréotypée.

En résumé

L'être humain n'est pas un système stable.

Toute « gestion » du temps se fonde sur une physiologie. On ne va à fond que dans son rythme.

La motivation doit intégrer le physiologique et non l'ignorer ou le contraindre.

La récupération est une capitalisation.

Le besoin de pause est naturel.

En reculer le moment, c'est diminuer son efficacité.

Les trois pauses :
– éclipse, simple arrêt ;
– la halte, temps actif de récupération ;
– le sas, temps de préparation au changement.

Le lieu de la pause est aussi important que sa durée.

En réunion, la pause doit s'intégrer au timing comme un temps actif ; en organiser et repérer le moment s'apprennent.

4. Temps de l'horloge et temps vécu

Les rapports entre le monde du travail et l'histoire sociale du temps sont passionnants.

À l'époque de la construction des monastères et du développement de l'industrie qui lui fut parallèle – ce qu'on a appelé la Révolution industrielle du Moyen

90

Âge – le problème du temps se posa socialement. Il s'agissait de payer les ouvriers, et c'est le début du travail horaire. L'Église dut accepter cette organisation du temps en 24 heures de durée égale, quelle que soit la saison. La première horloge ainsi faite date de 1336.

L'identification du temps au temps de l'horloge date de cette époque, elle est donc très récente dans l'histoire de l'homme. C'est bien à la demande des industriels et des moines bâtisseurs faite auprès du pape que nous devons ces césures qui ponctuent les jours et les nuits en deux parts égales.

Le combat entre le temporel et l'intemporel n'a pas cessé. Si Don Camillo se bat pour marquer son heure au clocher de l'église, c'est trace de ce combat ; les églises orthodoxes, quant à elles, sont encore interdites d'horloge.

Quelle que soit notre conviction personnelle, la victoire absolue du temporel nous a limités.

Nous avons enfourché ce temps de l'horloge jusque dans notre propre vie.

L'entreprise et le monde actuel accroissent de façon permanente la pression : la pratique des retenues sur salaire pour retard est en pleine progression, la spéculation est le trait marquant de notre époque, le monde du chiffre l'emporte.

Pourtant, notre tonus vital se nourrit à un temps imaginaire. Pour se pousser à travailler, certains attendent le dernier moment, et beaucoup constatent qu'un travail donné prend le temps qu'on a décidé de lui consacrer.

L'intérêt raccourcit le temps, l'ennui l'allonge (ce qui peut être utile quand on trouve que le temps passe trop vite !). Le lundi est différent du vendredi, autant de constatations qui montrent que notre ressenti n'a rien à voir avec ce qui s'affiche maintenant en minutes, secondes et dixièmes de secondes...

Notre temps vécu échappe à toute mesure. La réflexion sur le temps nous fait peur comme si elle devait s'opposer à toute vie sociale ou organisée. Elle peut, au contraire, en situant le travail dans les sphères du temps partagé, du temps convivial, éviter les confusions.

Les séminaires de gestion du temps (excusez-moi de cette virulence) m'inquiètent lorsqu'ils essaient de nous faire mesurer le temps des actes de notre vie personnelle. Ils accroissent la confusion. Le participant croit améliorer ou régler ses problèmes familiaux en « gérant » mieux son temps. Il remet de la quantité ou manque justement la qualité.

Comprendre que les horaires, le temps des tâches, les délais, même s'ils sont écrits sur panneaux, pointés, tarifés, ne sont que des supports organisationnels, est nécessaire. Il est nécessaire de savoir que ce sont des signes, des conventions pour échanger, mais que chacun de nous, par une alchimie secrète, le vit différemment. Le management moderne, qui n'a pas peur, admet ces différences et les utilise car c'est à partir de ces images intimes que chacun crée son action.

E.T. Hall a mis en évidence un aspect du rapport au temps qui structure le travail de chacun et se retrouve dans le style de l'entreprise. Exposons-le avant d'en dégager l'intérêt pour votre propre organisation.

E.T. Hall définit deux types de rapport au temps : monochrone et polychrone.

– **La personne monochrone** aime faire une seule chose à la fois, établit en conséquence des priorités, respecte les horaires auxquels elle attache de l'importance, et dit facilement « perdre, gagner, économiser, gaspiller du temps ». Elle mélange rarement vie personnelle et vie professionnelle ; à bien y regarder, elle a une notion du temps presque tactile, physique. Elle souffre si on lui prend du temps, en le faisant attendre par exemple.

– **La personne polychrone** est à l'opposé ; elle fait plusieurs choses à la fois, percute vie privée et professionnelle, arrive en retard, ne semble pas avoir de priorité établie, etc.

Bien sûr, nous ne sommes pas si caricaturaux, mais enfin nous pouvons nous reconnaître dans une dominante. Curieusement, certains sont l'un à la maison et l'autre au travail. Vous pouvez vous amuser ainsi à repérer le fonctionnement de la personne avec qui vous vivez.

Cette distinction est source de trois apports.

– Le premier est de mieux accepter l'autre : cette personne en retard n'est peut-être pas impolie, irrespectueuse mais simplement polychrone ! Cet autre qui ne supporte pas d'être dérangé, très à cheval sur les horaires, n'est pas un dangereux maniaque mais un parfait monochrone !

– Le second apport est, à l'inverse, de savoir que notre attitude vis-à-vis du temps est le fruit d'une psychologie personnelle et non un dogme. Nous pourrons donc mieux modifier notre comportement s'il ne cadrait pas avec un certain type de travail ou de société.

À noter que les séminaires type gestion du temps conviennent mieux aux monochrones qui fonctionnent sur un mode séquentiel de façon spontanée.

– Le troisième est de saisir qu'une entreprise favorise tel ou tel type de fonctionnement. Une banque favorise plutôt le monochrone que le polychrone, à l'inverse d'une société de publicité.

Tout cela est à nuancer, mais certaines dominantes apparaissent : les sociétés anglo-saxonnes sont monochrones et les latines polychrones. Chaque système a ses qualités.

Empiriquement, ces données s'intègrent dans toute vie d'équipe. On connaît le « style » de chacun et on en tient compte. Mais à bien écouter, il m'apparaît que les caractéristiques d'un individu ne sont pas prises en compte.

Lorsqu'un individu évoque ce qui lui conviendrait pour être au top, il lui est répondu que s'il fallait écouter chacun..., qu'il a déjà de la chance, que tout ça, c'est secondaire,... Imaginez un entraîneur répondre ainsi à un sportif !

Faire travailler en binôme deux êtres très différents sur le plan de leur gestion du temps (biologique et psychologique) peut être valable si leur responsable assure le temps d'écoute pour les ajustements nécessaires.

Si une équipe de vente fonctionne à un rythme donné, un nouveau pourra, s'il n'est pas en phase, paraître excité ou fumiste uniquement en raison de son niveau d'activité. On parle fort justement d'efficacité et d'efficience. L'efficience, c'est la concrétisation des possibles de l'individu ou de la société.

Une entreprise peut être efficace dans la construction de machines, être leader du marché mais, eu égard à sa richesse en êtres et en moyens, être peu efficiente.

En guise de conclusion

Au cours de nos séminaires, les participants, assez tendus vers un objectif de rentabilité immédiate changent. Le physiologique qui s'inscrit dans leur histoire, avant même leurs premiers souvenirs, dans un quotidien de cycles liés au cosmos, les aide à sortir du projet ponctuel et, il faut bien le dire, stéréotypé.

L'abandon progressif du GRAND YAQUA n'est pas triste, au contraire, il ouvre à des émerveillements du quotidien, sources de plaisir et de partage.

Aussi, né pour le travail, le temps-horloge doit s'y cantonner. Le travailler, le faire plier, le modeler comme un matériau est possible ; le mettre en séminaire, l'enseigner, le mettre en questionnaire est possible ; l'afficher, le faire pointer, le payer, spéculer sur lui est possible, car ce n'est pas du TEMPS qu'il s'agit.

Terminons sur les propositions extrêmement toniques du philosophe Gaston Bachelard :

« Ne pas référer son temps propre au temps des choses
briser les cadres sociaux de la durée
Ne pas référer son temps propre au temps des autres
briser les cadres phénoménaux de la durée
Ne pas référer son temps propre au temps de la vie
briser les cadres vitaux de la durée
soudain toute l'horizontalité plate s'efface, le temps ne coule plus, il jaillit. »*

Propositions d'action

Méditer sur les conseils de G. Bachelard.

Comprendre le rapport au temps de l'autre et l'utiliser.

Repérer les typologies extrêmes (monochrone, polychrone).

Avoir conscience du « style-temps » de l'entreprise.

En résumé

Permettre les expressions personnelles sur le sujet.

Temps vécu, temps de l'horloge, temps des philosophes... autant de temps différents.

Monochrone et polychrone, deux types de liens personnels au temps.

Chaque individu a un rapport au temps imaginaire et personnel à intégrer dans l'organisation du travail.

Bibliographie

J.-C. SERVAN-SCHREIBER, *L'Art du Temps* (un classique)

* G. BACHELARD, *L'intuition de l'instant* (étourdissante, merveilleuse réflexion sur l'instant et la durée)

E.T. HALL, *La Danse de la vie, temps culturel, temps vécu*, Coll. Points, Seuil (passionnant et nécessaire pour l'approche de l'interculturel)

Lothar J. SEIWERT, *Maîtrisez votre temps*, Éditions d'Organisation (un manuel pratique bien construit)

5. Le sommeil

Le sommeil est notre plus longue pause.

C'est le grand sas, le grand plongeon récupérateur, le grand réaménagement physiologique, dont on sort rénové.

Il reste à bien des égards un mystère. Les scientifiques les plus austères, à son étude, deviennent poètes ou philosophes. Aristote se posait déjà les questions qui restent les nôtres : « À quoi sert-il, pourquoi est-il nécessaire, à quoi servent les rêves ?... »

Le médecin que je suis est plutôt confronté à ses troubles, et le formateur à des demandes de maîtrise : le dominer, le réduire, l'utiliser.

Avant d'y répondre, comprenons son fonctionnement.

Nous abandonnerons déjà là les idées toutes faites qui voient dans le sommeil une sorte de mort ou d'absence dont on aimerait se passer.

Certains « eurêka » matinaux nous éveillent à son rôle actif, certains rêves semblent des portes ouvertes sur un autre monde, et la physiologie nous dit que notre cerveau est à son maximum d'activité en plein sommeil !

Partons donc pour nous étonner, nous émerveiller et agir, renouvelés par la connaissance.

Physiologie étonnante du sommeil

Les cycles

L'aspect le plus connu du public, et le plus maîtrisé sur le plan des connaissances, réside dans les cycles du sommeil tels que l'électro encéphalogramme (ou EEG) les représente (cf. p. 100).

98

Un cycle comprend deux phases.

Le sommeil dit lent ou SL (endormissement, sommeil léger, sommeil, sommeil profond) dont les deux derniers stades se nomment SLP.

Le sommeil paradoxal ou SP. Il se nomme ainsi car à ce stade, bien que le sommeil soit le plus fort (avec grande difficulté à réveiller le dormeur et détente musculaire complète), des mouvements des yeux, une érection, mais surtout les signes EEG proches de l'éveil, avec de surcroît une hyper-activité cérébrale, sont notés.

Son autre nom est REM (de Rapid Eyes Movement).

Chaque cycle comprend ces deux phases et dure de 90 à 100 minutes.

Au cours de la nuit, le temps de SP augmente aux dépens de SL-SLP. Par ailleurs, à chaque cycle on descend moins profondément dans le sommeil.

On a ainsi pu dire qu'on passait sa nuit à se réveiller.

Cette physiologie étonnante du sommeil montre, là encore, la variabilité des états de conscience de l'être humain, et à quel point sa nature profonde est rythmique et changeante.

Anatomie et biochimie

Ce n'est pas au niveau du cortex, c'est-à-dire du siège de la « pensée », que se règlent les rythmes veille-sommeil.

Ils s'organisent dans des zones plus anciennes, plus basses et le rôle de la substance réticulée y est important.

À chaque phase correspondent des neuro-médiateurs spécifiques. Cela explique en partie les différences de nature des troubles du sommeil et les différences des thérapeutiques à y apporter.

Les phases du sommeil

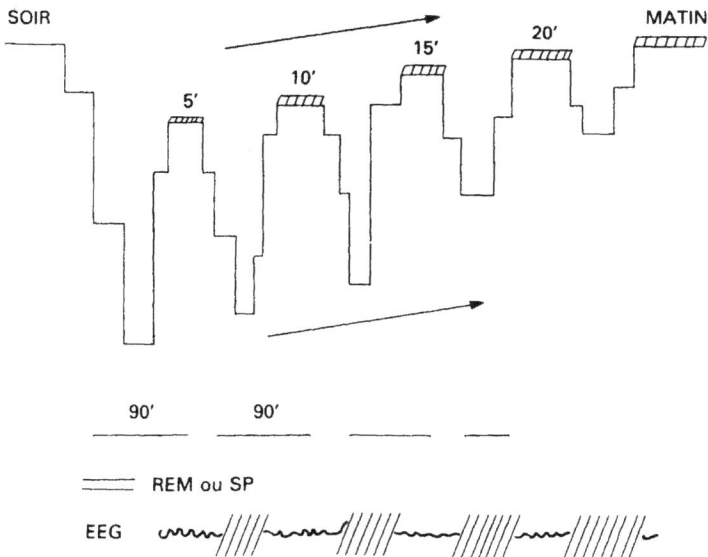

Le rythme veille-sommeil, comment s'établit-il ?

Plusieurs facteurs sont en cause.

© Éditions d'Organisation

– Les rythmes circadiens

Il existe en nous une horloge biologique qui rythme sur 24 heures toutes sortes de fonctions dont l'alternance veille-sommeil.

Cette horloge règle aussi le système de thermorégulation : à la température la plus basse correspond le sommeil le plus profond (entre 3 et 6 heures du matin). L'heure du coucher est celle du début de la baisse de température.

– L'alternance jour-nuit

La lumière intervient dans ces processus de régulation veille-sommeil, mais pas sur l'équilibre thermique.

– La régulation homéostatique

Les principes dits homéostatiques sont des principes de maintien de l'équilibre biologique. Ainsi une dette de sommeil demande récupération et augmentation du sommeil à venir (elle peut être due à la secrétion d'une substance au cours de la journée).

– Facteurs innés et acquis

Facteurs génétiques, comportementaux, sociaux, interviennent également.

Pourquoi dort-on ? Quels sont les rôles du sommeil ?

On dort pour se protéger de la veille et on se réveille pour se protéger du sommeil.

Le réveil rompt le sommeil dès lors que sa profondeur accomplit une évolution neurovégétative excessive (baisse des grandes fonctions) et, à l'inverse, le sommeil protège l'organisme du bombardement d'informations et du stress de la vie active.

Le premier rôle du sommeil est donc un rôle de récupération

Récupération physique

Elle s'effectue pendant la phase SLP. Le cœur se ralentit et surtout la pression artérielle s'abaisse, la respiration devient plus ample et plus lente, les constantes biologiques s'équilibrent.

Notons que les phases SLP sont les plus longues en début de nuit, confirmant l'adage populaire qui dit que le premier sommeil est le plus récupérateur.

Récupération mentale

Elle s'effectue pendant la phase SP.

Revenons sur cette phase mystérieuse. Au cours du sommeil, alors que nous dormons profondément, à plusieurs reprises et intervalles réguliers, nous nous réveillons en quelque sorte. La courbe EEG est proche de celle des rêveries, du premier sommeil, et pourtant nous dormons profondément, nous sommes au maximum de la détente musculaire.

Notre cerveau, à ce moment, est en pleine activité, il consomme le maximum d'oxygène (plus qu'en SLP ou dans la journée !). L'adaptation et la récupération cardiovasculaire et respiratoire de SLP disparaissent et une certaine anarchie de fonctionnement s'installe avec une respiration accélérée. Cette phase est considérée comme propre à la récupération mentale.

Vous le savez, c'est aussi la période des rêves.

Le deuxième rôle est un rôle de dynamisation mentale : mémoire et créativité

La phase SP semble là encore décisive. Avant d'aborder le rêve dans un chapitre spécifique, comprenons que le sommeil permet au cerveau, « débarrassé » de la pensée consciente et du traitement des informations immédiates, de faire « autre chose ». On sait que les structures de la mémoire doivent au sommeil l'essentiel.

– Mémoire fondamentale dite « de l'espèce »

Elle se renforce pendant le sommeil. Deux preuves indirectes : la dominante de SP chez le petit enfant qui intègre ce codage, l'importance du sommeil et de la part du SP chez les prédateurs. Ces animaux réveillés en SP perdent leurs possibilités d'agression et de défense comme s'ils avaient oublié les rites nécessaires.

– Mémoire individuelle

Le cerveau trie les informations de la journée et les redistribue. Le cerveau droit permettrait l'arrivée de données non construites et non étiquetées, si je puis dire, le gauche intervenant plutôt dans le stockage et la mémoire à long terme.

– Créativité

Ainsi pendant la nuit sont mêlées, pêle-mêle, sensations, émotions, pensées. Le cerveau permet ainsi à des « sociétés » de neurones d'habitude éloignés ou travaillant peu ensemble de se rencontrer et d'échanger. Pour une fois, les notaires ne rencontrent pas que des notaires pour se raconter des histoires de notaires... Ces échanges sont la source des solutions matinales, des idées nouvelles ; pendant la nuit, les faits se sont agencés autrement entre eux. La nuit porte conseil, dit-on. « Jette la pierre d'aujourd'hui et dors. Tu la trouveras demain face à l'aurore faite soleil », dit le poète Jamon Jimenez.

Le troisième rôle du sommeil est de produire du rêve

La phase SP est productrice de rêves. Elle a une durée qui augmente au cours de la nuit et au total elle atteint une centaine de minutes. 85 % d'individus réveillés à ce stade peuvent raconter leur rêve.

Son utilité soulève bien sûr des passions.

104

Notons que pour un physiologiste, si le rêve existe, c'est qu'il sert à quelque chose.

Dans l'Antiquité, le rêve était une information, avait un sens, était un messager des dieux, en particulier de Morphée, fils du Sommeil. Soit éclairant la conscience, soit prémonitoire, il était accepté, reconnu, et utilisé déjà en thérapie.

Saint Thomas, curieusement, l'interprète de la même façon.

C'est avec Freud que le rêve est à nouveau considéré comme une activité essentielle de l'homme et le support d'un travail dans la psychanalyse.

Si le sommeil a pour rôle de mémoriser l'expérience, il doit, sous peine de surcharge et de perdre le rôle signifiant des faits, éliminer des informations ; ce qui est éliminé, donc inconscient de notre mémoire, reste vivant et peut resurgir dans les rêves pour attirer notre attention ou nous faire « fréquenter » un conscient échappé de notre contrôle.

Pour Jung, le rêve est alors un théâtre de rencontre permettant l'élaboration de meilleurs scénarios, le MOI onirique l'emportant sur le MOI conscient.

D'où son intérêt pour toute démarche créatrice qui renouvelle le rapport habituel au monde.

En résumé

On passe sa journée à préparer son sommeil et la nuit à préparer son réveil.

Le sommeil est dynamique et rythmé par des phases de 90 minutes dont l'organisation varie.

Le sommeil lent favorise la récupération physique, le paradoxal, la récupération mentale.

Il est essentiel pour la mémoire et la créativité.

Il relie l'homme à son histoire et au cosmos.

De ce triple rôle du sommeil : récupérateur, fondateur de l'énergie psychique et de notre imaginaire, tirons les conclusions pratiques.

6. Pratique du sommeil

1. Dormir un temps suffisant, au minimum six à six heures et demie, est essentiel

On vous vante Napoléon ou plus récemment Margaret Thatcher qui ne dort que quatre heures. Reconnaissons leur mérite mais reconnaissons aussi des fins de carrière peu glorieuses et certainement dues à une perte de leur imaginaire, de leur possibilité d'évolution.

Dormir peu arrange l'être jeune, tendu encore par un riche potentiel de rêves et de projets nécessitant un travail d'élaboration. L'usage du pouvoir qui fait taire les autres n'a pas besoin de s'accompagner du silence des rêves.

La courbe (p. 100) vous montre clairement que raccourcir votre sommeil se fera au détriment de la longueur des phases SP, qui s'allongent avec la nuit.

« L'avenir est à ceux qui se lèvent tôt » reste peut-être vrai, s'ils ne se couchent pas à minuit passé.

Méfions-nous – je pense à mes amis lyonnais – de ces TGV de l'aube qui suppriment votre dernier cycle de sommeil. Heureusement, ce dernier vient à Très Grande Vitesse s'emparer des voyageurs et tout le TGV est rapidement plein d'ondes très profitables.

2. S'endormir au bon moment

Il est facile à repérer. Chacun a ses signes de sommeil : rêverie, yeux qui piquent (le marchand de sable) et qui se ferment, bâillements et bien sûr tête qui tombe, etc. C'est le début d'un cycle et le bon moment sur le plan physiologique pour s'endormir.

Certes, vous pouvez, surtout en cas de fatigue ou de dette de sommeil, vous endormir à toute heure mais le bénéfice en est moins grand.

À l'inverse, vous avez pu remarquer pour vous-même ou votre entourage que, le moment de sommeil passé, il devient difficile ensuite de s'endormir. La personne qui s'endort devant la télévision et qui, réveillée, va se coucher, s'étonne de ne pas s'endormir. En fait, il lui faut attendre le deuxième passage du train du sommeil. Ce train, pour certains, reste peu en gare, il leur faut vite sauter dedans.

Aussi m'arrive-t-il de conseiller à une jeune femme de cette catégorie de se démaquiller après le dîner pour pouvoir se coucher dès son passage. Le simple temps de démaquillage peut en effet le faire manquer.

3. Préparer son sommeil

Les enfants donnent de merveilleux exemples. Souvent le papa, pour « racheter » une absence, joue tard avec son enfant et tout à coup le couche en lui disant : « Dors bien ! » L'enfant tout excité pleure, s'énerve... Le père dit que ce n'était pas la peine qu'il joue avec lui... Heureusement la mère arrive avec le livre d'histoires : que de méchants loups, de peurs, de frissons, mais aussi de rires, de sourires, d'émotions heureuses, en un mot que de sensations et d'images ! Les yeux de l'enfant fixent au loin ces paysages animés ; la voix régulière, calme et enveloppante de la maman tisse un espace rassurant, le sommeil peut venir.

Passer du rythme actif au sommeil nécessite des étapes.

Nous n'avons plus la chance de sentir comme autrefois la tombée du jour qui prépare à la nuit, et les lumières dans les maisons, chandelles, lampes à pétrole, cheminée n'avaient pas l'intensité de nos lampes électriques.

Un peu avant le coucher (1/4 à 1/2 h), il nous faut une période de transition.

Le corps doit baisser son tonus en même temps qu'il affirme sa présence. Une marche, une douche, une relaxation sont des activités appropriées.

L'éclairage diminue ; par-ci par-là une lampe s'éteint, les halogènes jouent la douceur, les femmes sont habiles à créer ces atmosphères du soir.

Mentalement aussi, cette transition doit s'effectuer. La première phase du sommeil étant la rêverie, on comprend comme la lecture est bien adaptée à ce moment.

4. Télévision et sommeil

La télévision est le plus grand hypnotique, bien avant les benzodiazépines !

Mais, paradoxalement, c'est une grande cause de difficulté à l'endormissement... La télévision est en effet extrêmement fatigante pour le système nerveux. Son image demande, pour être décodée par le cerveau, des efforts (passage d'électromagnétique en onde lumineuse décryptable, lobe visuel nécessitant l'aide du lobe auditif). Cet effort vous fait sentir une certaine fatigue, même après un programme détendant !

Vous connaissez cette télévision des nuits d'hôtel difficile à arrêter et ne donnant pas son compte de détente, retardant le sommeil.

Attention, la nouvelle télévision numérique sera encore plus fatigante pour le système nerveux.

5. Se réveiller au bon moment

Le réveil spontané est le meilleur. Il survient en principe en fin de cycle dans une phase SP. À ce moment, le réveil se fait naturellement.

Vous avez probablement fait l'expérience suivante : devant vous lever à 7 heures, vous vous êtes réveillé spontanément, frais et dispos à 6 h 30. Voyant l'heure, vous vous êtes accordé un petit supplément et à votre surprise, à la sonnerie de 7 h, vous étiez moins bien, si ce n'est vaseux. Vous comprenez, en regardant la courbe (p. 100), que vous vous êtes réveillé en fin de phase paradoxale et que vous avez amorcé un nouveau cycle interrompu en pleine course. Vous auriez pu vous réveiller au début de cette même phase et alors les vingt ou trente minutes supplémentaires auraient été délicieuses. On ne peut savoir en se réveillant à quel moment du cycle l'on est (une érection chez les hommes peut seulement préciser que c'est la phase SP, mais à son début ou à sa fin ?).

6. Comment se réveiller au bon moment

Si votre réveil doit être programmé, vous pouvez en calculer l'heure en fonction de vos cycles.

Commencez par calculer la durée de votre cycle. Pour cela il vous faut une période de coucher et de réveil spontané, en vacances par exemple. Vous remarquez alors que vous endormant à 23 heures, vous vous réveillez à 6 h 50, soit donc un temps de sommeil de 470 minutes. Sachant qu'un cycle est de 90 à 100 minutes, vous divisez le total par le nombre de cycles correspondant, soit ici 5. Dans ce cas, vos cycles sont de 94 minutes.

En exemple, une application pratique : vous couchant à 23 heures vous devez prendre un train tôt le matin. Faites votre calcul, il vaudra mieux vous lever à 5 h 16 qu'à 5 h 30 ou plus. Cette méthode est surtout valable pour ceux qui se couchent et s'endorment à des heures assez régulières. L'endormissement, dans ce cas, coïncide à peu près avec le coucher.

7. Sommeil et week-end

Allonger son sommeil le week-end, indépendamment du plaisir mental, peut être bénéfique si vous ressentez ensuite un bien-être physique. Souvent ces réveils tardifs éveillent quelques maux de tête, une lassitude et de petits agacements matinaux. Essayez, dans ce cas, en tâtonnant, de trouver la bonne durée.

Un détail récent : on sait que nombre de maux de tête du week-end attribués au changement de rythme (ce n'est pas inexact d'ailleurs) peuvent venir d'un sevrage de café. L'absence de caféine peut déclencher des migraines.

7. Quelques difficultés et leurs remèdes

La difficulté à s'endormir

En dehors des grandes raisons médicales, psychologiques ou de soucis majeurs plus difficiles à juguler, cette difficulté peut venir de la fatigue, d'une tension, d'un cadre différent, etc.

La préparation au sommeil tient ici toute sa place. Le fondement reste le « rapatriement » dans le corps : il s'agit de reprendre avant tout projet de sommeil un contact agréable avec ses muscles, sa respiration. Que ce soit par le mouvement, par la relaxation dynamique (mouvements et détente se succédant), par le massage, l'eau (douche, bain tiède), l'écoute d'une musique qui parle au corps, la lecture qui crée des images (donc des mouvements)... tout est bon.

On ne peut chasser des idées par des idées, il faut toujours un passage par le corps, si vous voulez en changer le cours. Certaines fatigues peuvent aussi empêcher l'endormissement ; les mêmes moyens permettent le délassement nécessaire à la détente musculaire préalable au sommeil.

L'usage des somnifères

Il peut être nécessaire à certaines périodes de la vie. Les nouveaux produits (qui ne sont pas des benzodiazépines) entraînent moins d'accoutumance et sont moins agressifs sur les phases de sommeil. On reprochait surtout aux somnifères cette atteinte qui se faisait notamment aux dépens de la phase paradoxale, ce qui avait certainement un lien avec les problèmes de mémoire qu'ils créent concomitamment.

Ils ont aussi l'inconvénient d'induire le sommeil sans que la phase préalable de détente musculaire n'ait eu le temps de faire son effet.

Si vous devez en prendre, il est utile alors, sur votre moquette, pas dans le lit, de faire une petite relaxation avec respiration détendante avant de vous coucher.

**Sommeil, exercice complet
dit de protection sophro-liminale du sommeil***

Début de relaxation classique.
Quelques respirations activatrices de la détente.
Dans ce niveau de relaxation avancée,
1. Visualisez votre coucher :

* Mis au point par A. CAYCEDO, fondateur de la sophrologie.

- la pièce avec son espace, ses éclairages, ses objets, les êtres éventuellement ;
- le lit, position, aspect : ouvert ou recouvert, etc. ;
- vos gestes habituels, vos rites d'endormissement, la façon dont vous vous mettez au lit, votre position de sommeil.

2. Représentez-vous en train de dormir d'un sommeil paisible, au besoin avec un effet de travelling (lit, pièce, maison, rue, quartier, ville, pays, etc.).
3. Revenez quelques instants à vos sensations de l'instant.
4. Visualisez votre réveil agréable et tonique :
- étirements, gestes du lever, position debout, premières activités ;
- pour renforcer, vous pouvez faire coïncider ce moment avec une phrase à vous qui vous donne du tonus (petit slogan personnel).
5. Terminez l'exercice en revenant à vos sensations de l'instant, dans le lieu et le moment.

Cet exercice permet d'améliorer la qualité du sommeil et du réveil. Il est bien adapté au surmenage et aux moments de perte de projets.

Il se renforce si, le matin au réveil, vous vous formulez la phrase sur laquelle vous avez travaillé. Elle crée un conditionnement positif.

Le réveil nocturne

Si le réveil est total, comme après une nuit complète, reprenez une activité simple, « mangez un morceau », changez de lieu et attendez le passage du marchand de sable (vous pouvez en passant vous amuser à noter l'heure pour votre repérage de cycle).

S'il est moins vif, ce qui est généralement le cas, étirez-vous et tendez-vous plusieurs fois puis relâchez-vous, puis respirez lentement avec une petite pause en inspiration et une plus grande en expiration, tout en essayant au moment de l'expiration de vous poser comme en vague sur le lit.

Si le réveil est précoce : souvent signe de surmenage, il peut réduire la durée du sommeil au point de diminuer sa valeur récupératrice. Cette amputation de la dernière phase est d'autant plus préjudiciable qu'elle touche plus les périodes SP. Or le surmenage s'accompagne souvent d'une perte de l'imaginaire et du goût du lendemain.

Indépendamment d'une réorganisation personnelle et d'aides appropriées, l'exercice p. 113, dit de protection, qui couvre les deux phases du sommeil, peut être utile.

8. Les décalages horaires

De nombreuses études se publient régulièrement sur ce sujet qui intéresse militaires, compagnies... et vous.

On observe que :

– la fatigue se manifeste par somnolence, insomnie et souvent troubles digestifs ;

– les troubles sont plus importants dans le sens est-ouest que dans le sens inverse.

Les troubles de la vigilance sont plus gênants pour l'homme d'affaires que pour le touriste qui peut mieux récupérer, mais la fréquence des voyages soumet chacun à ces difficultés. Le rythme thermique met long-temps à se réajuster, d'où une baisse de température à un moment qui correspondrait à la nuit mais qui, de jour, diminue la vigilance (le rythme thermique met deux à trois semaines à se rétablir ; ainsi un aller et retour de quatre jours peut être moins fatigant au total qu'un voyage de deux semaines).

Le cycle jour-nuit va, avant de s'ajuster au rythme du pays, suivre quelques jours celui du pays d'origine (trois jours pour Paris-New York, cinq jours pour New York-Paris).

La fatigue est aussi liée au facteur psychologique : raisons, motivation, expériences antérieures, etc.

Les troubles digestifs peuvent être aggravés par la différence d'alimentation.

Conseils pour limiter l'effet du décalage

– Relever sa température dès le matin : pratiquer douches chaudes, exercices physiques, et faciliter sa décroissance en fin de soirée : relaxation, bain tiède, calme, etc.

– Photothérapie (exposition à la lumière) vers l'ouest, s'exposer à la lumière en fin d'après-midi les jours suivant le vol, dans le sens inverse, plutôt pendant la matinée.

– Quand dormir ?

Reprenons ici quelques conseils du service de psychiatrie biologique de Lyon-Bron.

En cas de voyage est-ouest (Paris-New York), le problème est celui du maintien prolongé de la vigilance : pour ce faire, une fois dans l'avion, si le voyage est diurne, une sieste de une à deux heures, post-prandiale (c'est-à-dire juste après le repas), et correspondant à 13 h - 14 h (heure américaine) sera une aide utile. Par la suite, un maintien de vigilance jusqu'à 20 h - 21 h est quasi indispensable pour assurer une resynchronisation rapide. Le lever interviendra à l'heure habituelle du sujet.

En cas de voyage ouest-est (Montréal-Paris), les vols sont le plus souvent nocturnes ; le plus simple est, une fois assis dans l'avion, de prendre un somnifère adapté à la durée du vol (en évitant les benzodiazépines), et d'essayer de dormir en demandant à ne pas être réveillé pour le repas et en se passant de film. Si possible, dès le premier jour en France, il est préférable de prévoir une journée occupée afin de maintenir la vigilance jusqu'à 21 h - 22 h. Il est souvent nécessaire de continuer la prise de l'hypnotique en diminuant les doses durant deux à six jours.

D'autres stratégies sont possibles : par exemple, se lever plus tôt les jours précédant un départ vers l'est, une heure chaque jour. Un autre moyen consiste à garder son horaire habituel de France en s'enfermant pour dormir à l'hôtel, ceci n'est valable que pour un séjour de deux ou trois jours.

Conseils préventifs

– Préparation psychologique

Dès le départ, mettez votre montre à l'heure du pays d'arrivée. Évitez les montres à cadrans multiples, sauf nécessité. Gardez votre tendance naturelle lève-tôt ou lève-tard.

– Préparation diététique

Il est très conseillé de ne boire que de l'eau et abondamment. L'atmosphère des avions est assez sèche et, curieusement, l'alcool a tendance à vous déshydrater. Cet alcool qui peut vous tenter avant, pendant et à l'arrivée n'est pas la bonne boisson de ces grands vols. L'eau, éventuellement les jus de fruits, sont adaptés. Évitez les boissons gazeuses qui ballonnent, spécialement en avion.

– Préparation physique

Ne vous habillez pas trop serré, ceinture lâche. Pensez à marcher régulièrement pour faire circuler le sang.

L'ensemble de ces conseils doit vous apporter un gain appréciable de forme pour votre prochain voyage.

9. Les petits sommeils récupérateurs

Nous laissons hors de ce cadre la relaxation qui n'est pas du sommeil et qui sera traitée au chapitre des ressources énergétiques.

Le sommeil flash

Il a été décrit par Salvador Dali.

Si la fatigue ou le sommeil le prenait, alors qu'il était en train de peindre, il s'asseyait et s'installait confortablement. Il fermait les yeux, une petite cuillère entre les doigts d'une main. À son endormissement, la petite cuillère non-tenue par la pression qui s'était relâchée tombait dans une assiette métallique qu'il avait placée dessous. Le bruit de la chute le réveillait alors et il se remettait au travail.

Ce type d'arrêt ne dépasse pas deux ou trois minutes.

Il est très efficace psychiquement et peut se pratiquer aisément en variant le protocole. Il faut seulement éviter de le répéter en se disant « belote » avec la fourchette et « rebelote » avec le couteau, car dans ce cas le deuxième ou troisième sommeil est beaucoup plus profond et quasiment hypnotique ! Si vous disposez de dix minutes, le type suivant vous conviendra mieux.

Le sommeil rapide ou pause parking

Il s'agit là d'un simple sommeil qui ne doit pas dépasser dix minutes. Dans ce cas, il est souvent souhaitable de prévoir un réveil ou une aide extérieure pour se réveiller.

Il tirera tout son bénéfice de son moment de départ : ce court somme doit démarrer quand le sommeil se fait sentir, trop attendre lui fait perdre de son bénéfice.

Il est toujours souhaitable d'être allongé ou semi-allongé, en tout cas d'avoir la tête appuyée.

Il n'est pas loin de la courte sieste.

La sieste

La sieste se pratique le plus souvent hors du travail et plutôt le week-end.

Nous ne parlons pas ici des siestes de récupération du travail de nuit, qui sont de vraies périodes de sommeil.

Pour qu'elle soit profitable, deux règles de base sont à respecter :

– elle ne doit pas dépasser vingt minutes ;

– elle doit débuter à un moment d'envie de dormir.

Pourquoi ? Les cycles de sommeil vous montrent qu'au-delà de vingt minutes, vous amorcez un cycle de sommeil qui nécessiterait d'aller à sa fin. D'où l'expérience de certains qui vous disent : pour moi c'est un

120

quart d'heure ou une heure et demie. On peut presque affirmer que celui qui se réveille d'une sieste mal à l'aise, avec maux de tête, etc., a dormi trop longtemps (ou pas assez). Si vous avez besoin d'une sieste, et que vous en ayez une mauvaise expérience, commencez par quinze minutes et cadrez-vous sur vingt si cela se passe bien. Quarante minutes ne sont pas plus profitables que vingt, au contraire.

Par ailleurs, la sieste étant dominicale, pas toujours bien vécue par l'entourage, elle est souvent repoussée bien après le moment de l'envie. C'est fréquemment la raison d'un mauvais réveil.

Ces trois « petits sommeils » doivent intégrer votre vie courante. On a vu ces moments naturels de fléchissement de la vigilance. En voiture, ne rougissez pas de vous y soumettre pour éviter l'accident ; au travail aussi, il y peut y avoir des accidents de vigilance : travail mal conçu ou mal exécuté. Dix minutes peuvent se soustraire d'une journée. Il n'est pas nécessaire d'en faire un acte quotidien qui risquerait à la longue de créer un réflexe, mais d'accepter en certaines occasions de devoir récupérer pour rester performant.

Propositions d'action

Préparer le sommeil (environnement, activité).

Se coucher en début de cycle.

Éviter la télévision dans l'heure qui précède.

Dormir au minimum six heures.

Respecter les phases de fin de nuit (pour être créatif).

Utiliser les « autres sommeils » pour récupérer, et en phase de surcharge : sommeil flash, sommeil rapide, sieste, relaxation.

Négocier les décalages horaires en les préparant.

Bibliographie

L. JOUVET, *Le sommeil et le rêve*, Éd. Odile Jacob (un livre passionnant du grand chercheur français)

Chapitre 3

Action et espace

L'action peut reprendre à son compte cette analyse-définition de l'homme : « une synthèse appuyée à la fois sur l'espace et le temps » (G. Bachelard).

À bien y regarder, la composante temps est celle qui nous fascine et l'espace nous apparaît plus comme une contingence nécessaire que comme un vecteur, une force.

Nous n'essaierons pas ici d'en cerner les raisons mais juste de poser quelques repères.

– Le fondement en est d'abord culturel.

Nos origines, grecques et surtout chrétiennes, nous ont habitués à considérer notre corps comme un lieu temporaire de passage de l'âme, et le monde comme un lieu de séjour provisoire.

Le sacré, perçu comme coïncidence avec la nature dans les religions antiques, a disparu avec le monothéisme. La nature n'est plus habitation des dieux, mais une sorte d'écrin de ce joyau qu'est l'homme à l'image de Dieu.

L'éternité est source de plus de mythes que l'infini.

– Une autre raison est que la vie même est pour nous déroulement dans le temps : rythmes du corps, succession des jours et des nuits, des saisons, des naissances et des morts. Les pensées semblent moins corruptibles, moins éphémères qu'un château de sable à la marée montante : disparu, il est encore présent à ma mémoire.

Tout ce monde mental, que nous ne nous résignons pas à cantonner à notre boîte crânienne, semble, par son absence d'aspect concret, échapper à l'espace et être du côté de la durée.

– Le monde actuel, pour l'essentiel, accentue ces données de base. La télévision, qui apporte à la maison les images d'un ailleurs, se joue de l'espace. Toutes les communications, si elles accélèrent le temps, suppriment surtout l'espace. Le siège de l'entreprise ne coïncide que rarement avec ses lieux de production, une décision est prise à 2 000 kilomètres de son point d'impact.

Il y aurait beaucoup à dire sur les répercussions quotidiennes de ces dilutions et des pertes de valeur symbolique qui s'y attachent.

Dans ces conditions, il existe bien sûr de nombreux séminaires de « Gestion du temps » mais pas de « Gestion de l'espace » !

Eh bien, considérons ce chapitre comme ce qui pourrait être le fondement d'une « Gestion de l'espace ».

Corps et espace

L'espace n'a pas trois dimensions, mais cinq : espace visuel, auditif, tactile, olfactif et gustatif, ce qui est difficile à faire admettre à un agent immobilier, mais fait permanent de notre expérience.

Il se déploie à partir de nous et commence aux frontières de nos sens.

Il faudrait ajouter une sixième dimension qui est celle de notre espace intérieur, non point dans son sens mystique, mais dans sa réalité territoriale.

Le sixième sens était au Moyen Âge le sens qui prenait les sensations du dedans[1].

S'ajoute enfin un autre espace, échappant à une physique du corps directe : l'espace imaginaire, toujours, libre et disponible, sauf maladies.

Voyons comment ces espaces (intérieur, sensoriel, imaginaire) inscrivent l'action, lui donnent forme.

---

1. Les sensations de nos cinq sens s'appellent extéroceptives, celles du « dedans » correspondent aux proprioceptives (muscles) et intéroceptives (le reste).

Espace intérieur

Les expressions populaires : « je suis bien dans ma peau », « je me sens en forme » sont explicites.

Il s'agit d'une occupation territoriale de soi-même, d'aller jusqu'à ses limites, d'être gonflé du dedans comme un ballon qui prend sa forme.

Cet espace qui nous constitue est le fruit d'une conquête. Elle commence très tôt à la naissance et même avant.

C'est en jouant avec son corps que le bébé se découvre : en remuant ses mains, ses pieds, son corps, il le ressent, le situe peu à peu dans son espace et dans l'espace.

Ses besoins de base, alimentation et excrétion, lui font découvrir son corps interne.

Les caresses et les soins lui donnent sa peau, ses limites. « Il intègre peu à peu son schéma corporel », diraient les neurophysiologistes, il s'intègre surtout comme individu distinct et autonome.

Roland Sonkin parle d'un état de jubilation de l'enfant qui fait des galipettes, se roule par terre, se donne le vertige. Il n'est pas gai dans le sens courant, il est en joie de se sentir vivre dans une découverte perpétuelle. Bien des activités de l'adulte continuent cette démarche mais souvent en oubliant son sens premier.

126

Cette mise en forme se fait dans un monde réel, aussi cette conquête de l'espace intérieur peut-elle se bloquer, se limiter. La variété des expériences de chacun balisera ce corps-territoire.

Chacun de nous connaît la France et peut, à peu près, la dessiner, situer ses villes ; mais les régions d'enfance, de vacances, de voyage, de travail sont plus vives, plus denses, plus promptes à la mémoire, plus dociles aux projets, plus proches...

Ainsi en est-il pour notre corps dont chaque partie est plus ou moins vivante pour nous selon ce qui s'y est passé.

Enfance, affection, événements, apprentissages, etc. nous ont fait rencontrer notre corps et nous l'approprier.

L'« intérieur » de notre corps a comme spécificité de se rencontrer plutôt dans le désagrément, à cause d'un dysfonctionnement. Mon angine me fait découvrir ma gorge ; un calcul, mes voies urinaires ou hépatiques ; une sciatique, mon dos ; une diarrhée, mes intestins, etc. Aussi, j'essaie de l'oublier, à tort, me privant ainsi de repères de présence. L'acceptation sans crainte des manifestations intimes (bruits du cœur, respiration, fonctionnement intestinal, règles, etc.) et de leurs dysfonctionnements remplit cet espace. Une longue maladie à l'issue heureuse modifie souvent l'individu en positif : ce n'est pas tant la joie de s'en être sorti qui a joué sur son mental que ce contact qu'il a pu établir.

Les expériences diverses de sensorialité font office de repères, limite et mise en place.

Le sens tactile principalement, sens frontière par excellence, nous donne notre contour. Le plaisir de l'eau, du bain, de la douche, de la piscine, de la mer (s'il n'a pas été bousculé par quelque événement) reste étonnamment actif comme créateur de présence, d'où son effet tonique et porteur de sérénité.

Cet espace intérieur est donc animé, lien de mémoire, et ce n'est pas sans difficulté que nous comprenons que notre corps est géographie et histoire. Ce schéma corporel aux couleurs de notre vie affective et imaginaire s'appelle aussi « image du corps ». Notre corps échappe ainsi aux caractéristiques objectives des toises et balances. Je peux me sentir grand ou petit quelle que soit ma taille, gros ou maigre quel que soit mon poids. Cette distorsion explique certains de nos comportements étranges aux yeux des autres (et vice versa).

Espace environnant

Quand je suis bien dans ma peau, le rapport avec le monde environnant, êtres et choses, est souple. Je ne me tords pas le pied, je suis adroit, je ne me cogne pas dans les gens ou dans les portes.

À mon cabinet médical, je remarquais combien les femmes font attention à ces points pour mesurer leur équilibre. Couvertes de bleus divers, elles disent : « Ça ne va pas en ce moment, je me cogne partout ». Pour la même chose, un homme, accuserait le monde et ses malices !

Mon « schéma corporel » intègre mon environnement proche.

Notre corps ne se vit pas étranger au monde qui l'entoure. Il est lié à lui, il s'en habille et cet habit modifie sa forme.

Prenons quelques exemples :
– en voiture, passant entre deux camions, vous serrez les coudes, vous avez étendu les limites de votre corps à celles de la voiture ;
– le joueur de tennis n'a pas une raquette au bout du bras, il a un bras-raquette, il intègre sa raquette comme une partie, un prolongement de lui-même ;
– quand vous y êtes habitué, vos lunettes ne sont plus sur votre nez, elles sont vos yeux ;
– vous vous sentez bien dans ce costume ou dans cette robe, vos idées ont la souplesse du tissu ; dans cet autre habit, vous vous sentez terne.

Ces exemples sont des exemples de proximité, mais une pièce peut aussi élargir notre corps jusqu'à ses parois (d'où le drame de certains vols par effraction ressentis aussi fortement que des viols), et, à l'inverse, on peut s'y sentir étranger.

Notre rapport à l'espace passe donc d'abord par un rapport à notre espace intime. Le « bien dans sa peau » va conditionner nos possibilités d'être bien dans le monde.

Ce lien n'est pas un lien figé, il ressemble plutôt à celui de la mer et de la plage, varié, sans limite.

1. De l'occupation à l'appropriation

Partons d'une expérience.

À cet instant, vous lisez ce livre dans un lieu quelconque : bureau, train, maison, café, etc.

Êtes-vous comme en transit, occupant juste votre place (cela peut arriver aussi chez soi) ou vous êtes-vous approprié les lieux d'une certaine façon ?

Comment ?

Prenez quelques minutes de réflexion.

C'est assez subtil et pourtant évident mais difficile à expliquer.

Nous essayons ici de faire la nuance entre occupation et appropriation ; nous verrons ensuite dans quel cas la démarche appropriante est utile ou nécessaire.

On retrouve trois démarches d'appropriation qui souvent s'entremêlent :
- la première, **mentale**, de l'ordre presque d'un vouloir, me permet de décréter que ce lieu est à moi.

Cette décision se trouve parfois des justifications rationnelles (« j'ai payé, j'ai bien le droit de »...), affectives ou sociales (« mes racines, mon histoire »...) ou imaginaires (« ce serait comme si »...) ;
– la seconde, **sensorielle** (toutes les actions de l'enfant qui goûte, lèche, sent, écoute, regarde, etc.), m'installe dans le lieu en tissant avec lui un lien propre ;
– la troisième, **interventionniste**, physique, active, marque « ma » place (occuper la place, émettre des sons, des bruits, déplacer des objets, modifier l'environnement, etc.).

Chacun d'entre nous a sa démarche la plus courante.

Voyons de plus près la démarche sensorielle.

Je fais miennes les choses en les regardant. L'audition aussi me permet de m'approprier les lieux : j'entends le monde autour de moi, les bruits familiers délimitent mon espace. De son côté, l'odorat joue un rôle important : beaucoup de souvenirs de lieux viennent d'une odeur. Sentir les odeurs d'un pays, d'une rose, d'une maison sont des démarches appropriantes.

Par ailleurs, goûter et toucher sont les premiers gestes des enfants dans leur découverte du monde. Les enfants sont de merveilleux exemples de stratégies d'appropriation, regardant partout, touchant tout, sentant et portant tout à la bouche.

L'homme de retour au pays baise le sol et ce n'est pas seulement symbolique : il touche la terre, il la sent, il retrouve son goût.

Mais l'exercice des sens n'est appropriant que si le désir de lien et de rapport est présent. Je m'approprie cette pièce en m'intéressant à son aspect, son volume, ses couleurs, en me mettant à la fenêtre pour en découvrir la vue, en touchant les meubles, en choisissant le siège sur lequel m'asseoir, en respirant son odeur.

Je marque mon empreinte. Mon corps n'est pas seulement récepteur mais aussi émetteur. Ma voix qui fait savoir que je suis là avant même qu'on me voie, ma respiration qui, la nuit, manifeste ma présence, mon odeur.

De la nécessaire appropriation

Déjà, dans le vocabulaire usuel, cette appropriation des lieux se confond avec la fonction qu'on y exerce.

On dit « avoir une place », il y a des offices de placement, on brigue un siège, un fauteuil, chacun parle de sa place. « Je ne suis pas à ma place, je me suis fait peu à peu ma place », et autres expressions.

Cette confusion n'est pas dénuée de sens et se rapporte à une longue histoire.

Dans une entreprise, la place occupée par le président n'est pas la même que celle d'un de ses cadres. Une société définissait au nombre de fenêtres de chaque bureau l'ascension hiérarchique, sans parler du WC individuel, le « must » des présidents.

On pourrait noter que moins le président est propriétaire de la société, plus il devient jaloux de ces marques de pouvoir. Cet accaparement n'a, hélas, rien d'une appropriation. Un patron de PMI ou PME manifeste d'ailleurs plus rarement ces besoins.

Certains ont ainsi « leur » bureau à eux, « leur » nom sur la porte, comme ces propriétaires de terrain qui le clôturent avant d'avoir commencé à le construire ! Place et nom approprient socialement, c'est-à-dire vis-à-vis des autres, mais reste cet acte intime, créateur, qui ne rend compte à personne, d'appropriation personnelle.

Un minimum d'appropriation est nécessaire pour vivre et... pour travailler.

Je voudrais vous en convaincre, si ce n'est pour vous, au moins pour que vous compreniez le fonctionnement de l'autre, lorsqu'à mots couverts il vous explique un besoin, qu'on appellera alors du nom plus social de « personnalisation ».

Les secrétaires manient assez bien cette personnalisation. Elles installent leurs objets, isolent leur tiroir personnel, affichent les cartes postales des collègues en vacances. Tout cela crée des repères, un cadre, une ambiance favorables au travail.

Il est rare de voir un médecin dont le cabinet ne reflète pas la personnalité.

Les grandes entreprises aiment le côté interchangeable des êtres et apprécient moins ces marques de différenciation. Or, tout individu a besoin de trouver dans son environnement permanent des points personnels qui créent un espace virtuel.

Les prisonniers et les chauffeurs routiers décorent leur habitacle : ces cas extrêmes sont des signes. Le stress des entreprises est trop grand pour qu'elles se privent de la source d'énergie que représente un lieu rendu vivant par votre souffle.

Chaque individu a besoin d'un territoire objectif traduisant sa présence : à la fois zone d'intimité gérée à sa façon et lieu de récupération et d'accomplissement.

Or, je suis surpris de voir encore beaucoup de cadres vivre dans leur bureau comme dans un décor. Ils n'ont rien choisi, ni des couleurs, ni du matériel, ni des emplacements, ils n'ont pas apporté d'objets personnels, ils n'ont pas mis leur touche.

Aussi comprennent-ils mal les cartes postales de la secrétaire, la plante verte de la comptable, pourquoi la nouvelle recrue a changé, sans bénéfice apparent, son bureau de place...

Un choix de bureaux, sans destinataires fixes, dans un cadre paysager, définit un style convivial. Il permet une circulation de l'information, il peut renforcer le sens du groupe. Mais il serait vain de nier qu'il demande un effort et va contre notre tendance naturelle.

On comprendra alors le comportement de certains qui laissent leurs affaires en évidence sur un bureau le soir

134

pour être sûr de se remettre au même endroit le lendemain. Ce n'est pas puéril, c'est parfois nécessaire à une
forme d'efficacité. Notons, sans ou avec malice, que
les dirigeants qui prônent ce système désappropriant
s'en sont généralement exclus. Il faut, dans ce cas, que
l'appropriation de l'ensemble de la société (l' intéresse-
ment par exemple) compense la perte de localisation
personnalisée.

S'approprier l'espace veut donc dire tisser avec certains lieux un lien personnel et gratifiant. Que ce lien
soit symbolique ou qu'il se marque clairement aux
yeux des autres est en fin de compte secondaire.

Cette nécessaire appropriation s'affirme lorsque la responsabilité s'accroît brutalement ou que l'esprit de la
société (qui fait corps) s'effondre.

Dans ces moments là, la prise de repères, la nouvelle
définition de territoire sont importantes. Les marquer
aux yeux des autres devient vital.

Il se peut qu'auparavant une neutralité ne vous ait pas
gêné, l'ensemble de votre vie assurant suffisamment
d'espaces de sécurité et d'imaginaire. Mais, maintenant que votre situation, votre place, votre poste sont
en difficulté, vous avez besoin d'une stratégie de renforcement.

Notons ici qu'un travail parallèle dans la vie personnelle sera utile. Souvent, dans ce cas, on a besoin d'un
espace intime chez soi et on en supporte moins bien les

atteintes (le fils ou la fille qui prendra votre veste se verra sermonné tout à coup).

Enfin, créer son environnement de façon à y vivre en état de vigilance, d'équilibre et de créativité est la deuxième face de l'appropriation.

Ce deuxième aspect sera étudié plus en profondeur dans le chapitre sur la sensorialité.

Changement d'espace

J'avais été frappé par le récit d'un dirigeant venant de Bretagne à Paris et ne supportant pas le changement, malgré les bénéfices annexes. Contre une déprime peu favorable à ses nouvelles responsabilités, il avait trouvé son salut, en mettant un grand poster de bateau dans son bureau et en dialoguant en breton dans sa voiture avec des cassettes.

Un participant nous racontait avoir mis sur son bureau, sans trop y prêter attention, la photographie de sa famille lors d'une mutation ; il nous fit rire en nous disant que maintenant il comprenait pourquoi il l'avait fait et qu'il allait l'enlever puisque son insertion était réussie !

Tout changement est stress, dans le sens d'adaptation, de dépense d'énergie.

Lorsque les changements s'accumulent (travail, appartement, ville, amis, collègues), la dépense devient grande.

136

Il faut savoir alors s'équilibrer en reprenant ses marques, en créant des rituels, en se situant.

L'enfant qui retrouve son bol de petit déjeuner et son nounours peut bien habiter à l'autre bout du monde. Les cosmonautes emportent des fioles d'odeurs familières.

Ces deux exemples extrêmes sont des enseignements.

2. Stress et espace

Les notions que nous venons d'évoquer sont à la base d'une bonne gestion du changement.

On peut croire que notre époque est suffisamment évoluée pour éviter de grossières erreurs, il n'en est rien. Autour du changement de lieu, trois problématiques se croisent :

– le simple stress du changement : lieux, trajets, organisation ;
– l'inquiétude de sa place dans le nouveau lieu, la nouvelle structure ;
– la notion d'identité.

Prendre en considération ces trois inquiétudes, c'est déjà résoudre les problèmes. Ces inquiétudes existent, quel que soit le plaisir du changement. L'être humain n'est pas un bœuf qu'on change de pâturage.

Dans les années 80, une banque toulousaine changea de lieu, du centre ville à la proche banlieue. Les six premiers mois d'activité sont médiocres : que s'est-il passé ? Le transfert du centre à la périphérie ne plaisait pas, le choix de bureaux paysagers fut très mal accueilli. Quelle stratégie fallait-il adopter pour faire accepter le projet, sans le remettre en question ?

Il fallait répondre aux trois problématiques suivantes :

– proposer des trajets en minibus tous les quinze jours pendant les six mois précédents pour visualiser le lieu, repérer les bus, montrer les commerces, les activités locales ;

– identifier sur place les bureaux, rassurer ou expliquer les fonctions ;

– montrer ce que la banque visait dans ce projet, en image, en service, en qualité de travail, en cohésion d'équipe.

Écoutant cette expérience dans un séminaire, un participant nous dit qu'il vient de fusionner deux scieries, que le personnel n'en sait rien encore et que tout le monde travaillera sur un seul site dans quinze jours. Que faire ? On lui propose que ceux qui vont changer rendent visiste aux autres et pique-niquent avec eux.

Une grande société de province, spécialiste en cosmétologie, achète un siège de prestige à Paris. L'ambiance se détériore. Cet investissement inquiète, paraît dangereux et injustifié. La direction prend l'initiative d'emmener tout le monde sur place. L'endroit paraît

138

alors somptueux, le projet clair, chacun est remotivé et prêt à le soutenir.

La notion d'identité est physique et se transfère dans notre imaginaire aux lieux. Les mêmes patrons qui souhaitent que leurs ouvriers s'identifient à leur société ne comprennent pas leur résistance au changement !

Les malades sont plus fidèles à un lieu qu'à un médecin : on vient voir le successeur, parce qu'on a l'habitude de se rendre dans ce même cabinet.

Souvent, on se déplace à l'intérieur de son entreprise : ces changements semblent simples. Ils nécessitent pourtant un accueil comme pour un nouveau membre. Accueillir, c'est ouvrir l'espace. Chez vous, si vous recevez quelqu'un pendant quelques jours, vous lui faites découvrir la maison, vous lui cédez un coin de placard, vous préparez ses serviettes, vous lui donnez des indications sur le quartier. Qu'en est-il en entreprise ?

Il faut, bien entendu, montrer le bureau mais aussi ceux d'à côté et leurs occupants (même s'ils ne sont pas du même service), les commodités diverses, s'enquérir des trajets et les faciliter, et puis, au plus tôt, faire visiter les différents établissements.

Dans une action destinée aux secrétaires de direction de l'Aérospatiale, dans laquelle j'intervenais, j'avais apprécié l'initiative du service formation qui avait eu l'idée de réaliser l'ensemble de la formation dans les différents sites de production.

En guise de conclusion

Les entreprises cherchent maintenant souvent sans succès, à garder les cadres qu'elles ont formés. Bien souvent, le départ n'est pas seulement dû aux espoirs insuffisants de promotion mais aussi à l'absence de liens actifs, concrets, avec lieux et gens, d'une place réelle chargée d'une dimension imaginaire. Le désir de fidéliser les jeunes, nouvelle préoccupation de l'entreprise, passe par une réflexion sur cet aspect du lien « physique » à la société.

Nous tissons autant de liens avec l'espace et le monde des objets qu'avec les êtres. Rappelez-vous votre dernier travail, les images premières se réfèrent autant aux lieux qu'aux gens.

3. Utiliser l'espace pour agir

La feuille blanche de l'écrivain, le stade de football, l'entreprise ne sont pas les lieux de l'action, mais des éléments constituants de l'action.

Le théâtre n'est pas seulement le lieu où se jouent des pièces de théâtre, le théâtre définit ce qui s'y joue.

Ainsi l'espace de travail n'est pas anodin. Il conditionne en partie nos réalisations, et, selon les cas, il les permet, les gêne, les enrichit ou même les crée.

Dans ce débat, les points de vue varient en partie avec l'âge. Le plus jeune aime nier les contingences, cela renforce la valeur de ses actes s'ils ne dépendent que de lui. Il voit dans l'importance accordée aux lieux un besoin qui s'affirme avec l'âge, preuve d'un certain déclin, canne de l'action.

Pourtant, s'il évoquait ses études avant son bac, il se rappellerait certainement l'importance qu'il accordait à sa chambre, au fond sonore et au silence, à la fratrie. Il travaillait tantôt en bibliothèque tantôt à la maison ou chez un ami... autant de stratégies pour essayer de travailler !

Par ailleurs, les études de H. Laborit montrent une corrélation entre l'agressivité et les atteintes à l'espace individuel minimum.

E.T. Hall, dans *La dimension cachée*, aborde ces problèmes. Une secrétaire qui ne dispose pas d'au moins 50 cm derrière sa chaise se sent étouffée, gênée, quelle que soit la surface qu'elle a devant elle.

Il y a donc nécessité de définir un EMG, « espace minimum garanti pour chacun ».

Mais ici, on suppose ce problème réglé. Il reste à repérer l'influence toute personnelle des lieux sur votre dynamique. Si, pour chaque action, on peut isoler des facteurs, il semble difficile de définir des règles. À regarder de près certains exemples, ce qui apparaît en fin de compte, c'est une nécessité de cohérence entre le décor et le scénario de l'action.

Une partie de belote ne s'animera pas dans les salons du Ritz comme au café du coin ; il est difficile, rappelez-vous, d'étudier couché dans l'herbe ; une réunion de travail délicate souffre d'une salle traversée en permanence.

Les écrivains confrontés à l'écriture développent toute une stratégie de mise en place.

Certains ont besoin d'un café, animé ou calme, d'une gare propice à l'anonymat, d'un établissement tranquille, avec leur place fétiche. D'autres ne travaillent que chez eux ou s'enferment à des kilomètres de leur domicile.

La feuille aussi est choisie, grande ou petite, quadrillée ou blanche, vierge ou écrite, isolée ou partie d'un bloc, etc.

De nombreux rites accompagnent l'action (comme la cérémonie des crayons de G. Simenon...).

Si le commercial est très conscient des données, l'homme d'affaires, le manager, sourit de cela ! Il pense efficacement partout, « et heureusement ! », vous dit-il, « sinon, où irions-nous ».

Sans méchanceté, on peut dire qu'un peu plus de pertinence et de finesse ne serait pas superflu pour certains.

L'écrivain aussi peut écrire partout, mais est-ce aussi bon ?

Toute action est écriture et nécessite soin. Ce soin n'est pas nécessairement rigueur, mais plutôt attention, affection. Le lieu peut créer l'événement, et il est bon de s'y soumettre dans une démarche intuitive : pas de porte, escalier, lieux de transit, etc. Ces endroits favorisent les langages allusifs, les demi-teintes, les expressions émotionnelles.

D'autres actions (décision, réflexion, dialogue, etc.) doivent chercher le lieu de leur épanouissement.

Umberto Eco utilise son ordinateur pour écrire ses livres et certains articles ; il tape aussi vite qu'il pense, nous dit-il. Mais s'il doit réfléchir et écrire un article complexe, il reprend la plume qui ralentit son geste ; ses pensées ainsi freinées prennent toute leur richesse.

Un de mes clients venait de se mettre à son compte dans le conseil. Il travaillait chez lui et ne trouvait pas la bonne place. Il hésitait entre la table de la salle à manger, un secrétaire et une table de bridge, passant de l'un à l'autre. En relaxation, les yeux fermés, je lui ai demandé de se visualiser à ces endroits et de s'y sentir concentré : il réussit ainsi à se voir sur la table de la salle à manger. Il l'adopta et s'y trouva bien.

Dans ce bref chapitre, c'est à une recherche des liens entre votre efficacité et ses lieux que je vous convie. Là encore, débanaliser le quotidien est important.

De la feuille de papier, de l'outil de travail à la pièce, l'immeuble, la ville même, l'environnement influence la dynamique et donc la qualité de l'action.

Se situer

Position debout

Tout en gardant les yeux ouverts, vous vous repérez dans l'espace d'une pièce : par exemple, distance des murs, angles, hauteur des plafonds, distance des portes, des meubles, place des fenêtres, etc.

Vous fermez les yeux et essayez de restituer cet environnement (ce n'est pas une nomenclature mais des repères de distance, de lumière, etc. ; n'oubliez pas ce qui est derrière vous). Puis vous les ouvrez et comparez.

Vous refermez les yeux, petite relaxation rapide. Vous vous tournez à 90°. Vous essayez de vous situer à nouveau dans cet axe différent (bien sûr, la hauteur du plafond n'a pas changé, mais ce qui est autour de vous a changé de perspective). Vous ouvrez les yeux et comparez.

Relaxation rapide. Reprise.

Intérêt

L'agoraphobie (peur des grands espaces) bénéficie de cet exercice qui repère et donc rapproche les distances. Dans un nouveau lieu, il permet une appropriation de l'espace. Il est utile à ceux qui se cognent tout le temps car ils sont victimes d'une mauvaise intégration de leur corps dans l'espace.

« La bulle »

Assis ou debout. Relaxation habituelle. Bonne prise de conscience de vos points d'appui (pieds si debout, fesses et dos si assis).

Vous explorez l'espace qui vous environne en bougeant les mains, dans tous les sens, sans oublier au-dessus de vous (même si vous savez qu'il n'y a rien) et derrière.

Ce que vous rencontrez, vous essayez de le situer par rapport à vous. Avec vos pieds aussi.

Vous reprenez votre position de départ, immobile, et vous vous centrez sur la représentation de l'espace que vous venez d'explorer, vous vous y situez.

Vous ouvrez les yeux doucement et comparez. Vous les refermez. Quelques instants à vous, au gré du moment. Reprise.

N.B. : cet exercice est très bénéfique contre les tendances claustrophobiques. Il permet de sentir toujours un peu d'espace autour de soi ce qui dénoue l'angoisse.

Quotidiennement, si l'espace qui vous est alloué est faible, c'est une façon de prendre de l'ampleur.

Propositions d'action

Le « bien dans l'espace » part toujours d'un « bien dans sa peau ».

La conquête de son propre espace est une dynamique permanente.

L'espace corporel s'étend aux espaces proches.

L'espace n'a pas trois dimensions mais cinq, celles des cinq sens. L'appropriation est sensorielle, mentale et interactive.

Tout changement de lieu nécessite une nouvelle appropriation qui doit être préparée.

Toute amputation d'espace doit s'accompagner d'une «réparation ».

Attacher autant d'importance à la gestion de l'espace qu'à celle du temps est le premier impératif.

Se servir réciproquement de l'un pour agir sur l'autre donne une plasticité de fonctionnement remarquable.

Donner de l'espace à l'espace.

Chercher la cohérence entre l'action et son lieu, comprendre que toute action s'épanouit dans une mise en scène appropriée.

Gérer l'espace de l'autre avec finesse et respect, savoir écouter les demandes « espace».

Chapitre 4

Sensorialité et efficacité

La sensorialité revient. On parle à nouveau beaucoup de cette nécessité première.

De nombreuses lignes de force concourent à cette mode :

– Le plaisir des sens est difficile à exercer mais gratuit.

– Le corps, valeur refuge, redécouvre ses richesses.

– L'éphémère ne vit que dans le scintillement de l'instant.

– Une part de l'écologie défend des sensations de base.

– Les neurosciences y déploient leur recherche.

Nous pourrions allonger cette liste.

De nombreux livres à succès, tels que le roman de Patrick Süskind *Le parfum*, ou essais (voir bibliographie) et articles de revue affirment cet intérêt.

En même temps, on s'en doute, cette explosion est réaction. Jamais nous n'avons autant été mis en danger sensoriel par un ensemble de surcharges et privations mêlées.

Surcharges

Le monde des sons et des images est de plus en plus envahissant. La lumière ne fait qu'augmenter d'intensité sur la planète (chaque réverbère qui s'allume éteint une étoile, nous dit Hubert Reeves). La télévision, la radio, les disques ne laissent guère de place au silence. La technique, qui abolit les distances, enferme un orchestre dans un CD, des images dans une boîte, etc. progresse sans cesse et nécessite des adaptations dont nous ne sommes plus conscients. « Je n'en crois pas mes yeux ou mes oreilles », expression ancienne, ne se dit plus.

Nous croyons si bien tout ce que nous entendons ou voyons que le leurre remplace de plus en plus la réalité.

L'imitation remplace l'original et participe à cette surcharge. L'original est rare, l'imitation sans limite.

Dans *La guerre du faux*, Umberto Eco a écrit d'étonnants passages à ce sujet. Les hippopotames d'Afrique ne nous paraissent-ils pas plus faux (ils sont loin, dépassent à peine de l'eau, ne montrent pas leurs dents) que ceux de Disneyland qui ont bien toutes les caractéristiques prévues et visibles de leur race ?

Le faux est plus vrai que le vrai.

Privations

L'incohérence sensorielle nous anesthésie. Sans cesse, nos sens sont mis en désaccord. Cette télévision me montre des images terribles et je bois tranquillement mon pastis ; ce car climatisé me fait traverser un désert au frais; le téléphone me fait entendre à l'oreille des mots de l'autre bout de la planète ; cet hologramme me donne une image en trois dimensions que je traverse de la main, etc.

Je m'adapte certes, mais cette incohérence biologique me fatigue. Je diminue ainsi peu à peu, par protection, l'exercice de mes sens, un peu comme un dépit amoureux rend moins disponible.

Émoussé, j'ai besoin de stimulations fortes pour continuer à vibrer.

À terme, surcharge et privation concourent à une anesthésie globale.

Dans la vie, c'est la climatisation permanente, l'état neutre qui l'emporte. À vouloir supprimer non pas la souffrance (ceci je m'en réjouis) mais le désagrément, il a fallu climatiser la vie même.

Le confort confine à l'anesthésie. Une odeur d'aisselle, un sol inégal, la machine à café en panne et voilà un univers qui devient incompréhensible et odieux. Et ce dirigeant qui refuse les manifestations élémentaires de la vie vous demande d'être « sensible » aux mouvements du marché !

L'entreprise, nous l'avons vu, n'aime pas le corps. Elle refuse également douleur et plaisir.

La douleur, le désagrément sont rejetés comme gêne à l'efficacité.

Le plaisir l'inquiète. Il y a toujours quelque chose d'anarchique et de dangereux dans son exercice, croit-elle. Quand elle participe, dans le cadre de la formation, à des projets sensoriels (saut, rafting, survie...), le but est bien le dépassement de l'être, sa maîtrise et non son plaisir.

Ainsi, curieusement, souvent à la pointe en matière de communication, en réflexion de société, l'entreprise intègre mal ce mouvement sensoriel.

Il y a plus de dix ans, mon ami J.-CI. Macquet écrivait au tableau en début de stage :

« Je pense donc je suis »,

puis nous barrions le « je pense » et nous écrivions alors :

« Je sens donc je suis »,

et nous étions heureux comme des enfants.

Cette provocation joyeuse n'était pas le fait de soixante-huitards attardés, mais déjà le fruit de notre travail sur le corps et de notre écoute des avancées de la neurophysiologie.

Essayons ici de donner les notions de base de cette physiologie qui montre l'importance du sensoriel comme dimension fondatrice de l'individu.

1. Brève physiologie de la sensorialité

La sensation est la nourriture de base du système nerveux.

Nous l'avons aussi appelée information.

Elle se recueille par des capteurs spécifiques répartis dans une ou des parties du corps (tout le corps pour le toucher, le nez pour l'odorat, etc.). Elle est ensuite acheminée vers le cerveau dans un site qui lui est spécifique.

Ces sites sont appelés localisations. Deux voies d'acheminement coexistent. L'une rapide, directe, dite lemniscale, l'autre lente, câblée en réseau, notre fameuse substance réticulée.

À l'origine, toutes les cellules du cerveau amenées à recevoir et traiter les sensations sont vierges. Par exemple, il n'y a pas de cellules prédestinées à la réception des informations visuelles. Ce qui est inné, c'est le territoire d'accueil. Mais ce territoire est un possible.

Une zone constructible ne veut pas dire une zone construite ni même qui le sera.

Le phénomène de base est l'arrivée des informations.

Roland Sonkin a une jolie comparaison : imaginez une montagne sur laquelle tombe la pluie, elle formera des rigoles, ruisseaux, suivant le relief de la pente, qui se rejoindront en un lac dans la vallée.

Ce qui est inné, c'est le relief et la dépression favorables à la collecte des eaux.

La pluie des sensations visuelles ira ainsi alimenter le lac de la vue, nommé occipital ; la pluie des auditives, le lac temporal ; mais ce qui est important, c'est la pluie.

Sans pluie, pas de lac.

Citons trois expériences.

– Un chat auquel est mis un bandeau sur les yeux à la naissance pour trois semaines, ne pourra plus jamais voir. Malgré son lobe occipital, il ne verra pas. Il n'a pas plu à temps.

– Nous pouvons déplacer l'axe du cerveau chez le fœtus animal de quelques degrés et nous notons alors que le territoire de réception change, la vue se fera ailleurs que prévu ; mais s'il y a des ondes lumineuses qui parviennent au cerveau, la vue existe.

– Une lapine est pleine de cinq lapereaux. Trois d'entre eux sont immobilisés dans l'utérus par des sacs en plastique. Ils sont nourris comme les autres par le cordon placentaire mais ils sont gênés dans leurs mouvements. À la naissance, tous sont vivants, semblables, mais les trois lapereaux immobilisés ne savent ni marcher ni téter. Ils mourront. Ils n'ont pu s'informer par le mouvement de leurs territoires.

La sensation permet le mouvement qui enrichit la sensation... La construction fonctionne comme une poupée gigogne. Une étape sautée peut ne pas se rattraper.

L'enfant dans le ventre de sa mère apprend à téter son pouce, à « nager », à déplacer ses membres. On connaît les bébés nageurs : ils ont été mis à l'eau dès la naissance. Je ne vous conseille pas de jeter à la piscine pour la première fois votre enfant de six mois, c'est trop tard : il coule.

La sensation crée l'organe.

Au cours de notre lointaine histoire, ce ne fut pas sans créer des problèmes. Lorsque l'homme se dressa et monta dans les arbres pour différentes raisons, il multiplia les informations visuelles et il dut notamment traiter la notion de relief. Son cerveau se développa pour assimiler des informations nouvelles et se plissa car la boîte crânienne, elle, n'augmentait pas de volume.

Sensorialité prédatrice, sensorialité créatrice

Dans l'acception courante, mes sens me servent à saisir le monde. Ma vue me sert à voir cet objet, cette personne, ce paysage ; mon toucher, à connaître la texture de cette étoffe, l'écorce de cet arbre, la douceur de cette chevelure. Guidant mes pas, ma main, chaque sens me sert à vivre dans le monde, à le découvrir, à m'y établir.

Cette sensorialité, je la qualifie de **prédatrice**, c'est-à-dire « qui prend pour son usage ». Elle me met dans le monde et m'aide à m'y établir. La confusion avec la sensualité est ici possible. La sensualité me fait rechercher avec le monde un contact de type agréable.

Mais la sensorialité, telle qu'on l'a définie physiologiquement, se moque du plaisir. Mon odorat devient présent par les odeurs qu'il reçoit. Ici, une odeur de latrines est aussi inscriptrice qu'un parfum. L'odeur, qu'elle soit plaisante ou répugnante, sollicite les fibres nerveuses de l'odorat et le fonde comme un sens.

Cette sensorialité est **créatrice**.

L'absence éclaire très bien cela. Cette femme ou cet homme seul dans son lit le soir regrette l'autre absent. Si personne ne pose sa tête sur son épaule, ce n'est pas tant ce plaisir qui lui manque, que tout à coup son épaule même qui a disparu.

Il y aurait là toute une richesse de la présence à découvrir. L'acte amoureux n'a-t-il pas toute sa richesse lorsque dans le plaisir (qui le rend prédateur) il crée la présence (qui le rend fondateur) ?

L'exercice de notre sensorialité devient alors complet.

Cette musique, je l'entends pleinement, j'en profite dans toutes ses nuances, j'éduque même mon oreille pour en profiter mieux encore, elle est médiatrice d'un contact avec le monde.

Mais cette musique me fait savoir aussi que j'ai des oreilles, des tympans,... elle me fait découvrir mon corps, elle est médiatrice d'un contact avec mon corps.

Il nous est plus naturel, caressant cet objet en bois, d'en sentir la texture et le plaisir du contact ; il nous est moins naturel de penser que cet objet nous fait sentir notre main. Si, dans ce livre, nous insistons souvent sur l'importance des sensations, vous comprenez pourquoi. Elles nous ont créés et continuent sans cesse à maintenir notre vie.

2. Cadre de travail et efficacité

Le premier lien vient de se dessiner. Les sens sont à la base de notre tonus.

Mais ici, situons-nous dans le monde du travail et explorons quelques conséquences des propos précédents.

L'installation de votre bureau, vos vêtements, vos déplacements sont les trois exemples choisis.

Le bureau

Le premier point est de favoriser un environnement, tout au moins proche, qui éveille vos sens.

– Favoriser les matériaux naturels, ils se rapportent à une histoire sensorielle ancienne et ravivent la présence du corps mieux que le synthétique. Une association de bois et de béton, par exemple, est assez positive.

– Jouer avec la lumière naturelle et artificielle et utiliser les nouveaux éclairages à variété d'intensité. L'éclairage est un art, il peut révéler l'espace et s'accorder avec les nécessités de l'instant.

  Trop de lumière éteint l'imaginaire. Les Japonais aiment que la lumière et l'ombre s'unissent sans frontière franche. Le vif, le brillant, peu présents dans la nature, systématisent la pensée, gênent la nuance.

– Réfléchir à l'environnement sonore. L'absence de bruit diminue cette source de stimulation ; à l'inverse, trop de bruit fatigue et déconcentre.

– Organiser le rangement en fonction de vos besoins en déplacements. Tout mettre à portée de main peut créer une sorte d'enkystement propice à l'hypovigilance. Se lever plusieurs fois agace certains mais crée une dynamique de mouvement favorable à la circulation et à l'oxygénation. Il s'agit de trouver votre bon niveau d'ordre et de désordre.

– Adopter un sol qui permette à vos pieds un plaisir : ou vraiment souple, ou dur, ou craquant comme un vieux parquet. Le préférer différent de celui des autres pièces, en tout cas du couloir, pour créer une rupture de rythme tactile.

– Stimuler votre imaginaire. Indépendamment de notre dynamique d'appropriation, il est nécessaire d'avoir quelques objets dont le seul contact vous stimule. Ce galet que vous tripotez (rappelez-vous les colliers d'ambre), un tableau, une photographie, un parfum plus rarement, une musique, etc. Cet objet sensoriel a un double rôle. Le regarder vous réveille, vous émeut, vous renvoie à la « vraie » vie et, en même temps, vous sert souvent de refuge. Vous pouvez y porter votre regard en réfléchissant ou en vous concentrant. Peut-être, à lire ces lignes, reconnaissez-vous cet objet. Parfois la vue de la fenêtre, la vue d'un meuble, etc. peut aussi remplir ce rôle.

– Choisir vos objets d'écriture : du crayon à l'ordinateur, sont-ils des messagers valables de vos pensées, avez-vous envie de satisfaire ce stylo par les propos qu'il trace ? Le toucher de ce clavier, son aspect, vous conviennent-ils ?

– La qualité tactile de votre bureau vous excite-t-elle légèrement ? Le verre est ici souvent froid et peu propice à la richesse du vocabulaire, sur lui les mots glissent et tombent. Il permet cependant, par sa transparence, de prolonger le regard, de mettre comme en suspens un sous-main et les autres objets. Si la vue récupère ce que le toucher perd, à vous de juger.

Nous ne pouvons ici tout aborder, cela deviendrait fastidieux. La seule règle est de ne pas vous dessaisir de votre outil de travail, de ne pas abandonner à l'institution sa définition, son style. S'il ne vous est guère possible d'intervenir sur l'ensemble, le détail venant de vous, réfléchi, choisi, support de votre imaginaire, permettra de faire face. Les possibilités sont infinies.

Votre cerveau ne fonctionne pas comme une machine, indépendamment du lieu, aussi tenez-en compte. En intégrant de façon interactive l'espace où vous vivez, vous avez une dynamique de plus à votre disposition...

Les vêtements

Le sens tactile est le plus richement représenté en surface corporelle. Nos mains en sont le fleuron mais les capteurs sont sur toute la surface du corps. Trois types de récepteurs nous informent de trois catégories de sensation : le toucher proprement dit, la pression, la température.

Avant d'être donné à voir, l'habit est d'abord un senti et, à bien considérer, nous sentons beaucoup plus nos habits que nous ne les voyons.

La texture va même jouer dans notre façon de penser. Une femme se sentant mal habillée n'aura pas son rendement habituel. L'homme est moins sensible à cet accord entre ses vêtements et son état du jour ; malgré tout, beaucoup sentent le besoin de se changer en rentrant chez eux. Changer de vêtement, c'est changer de peau, quitter le costume du travail est pour beaucoup symbolique.

De nombreux écrivains adoptent une tenue spéciale pour écrire, la robe de chambre de Balzac est célèbre.

Mais, vous-même, avez-vous essayé de rédiger, nu, un rapport complexe ? Serrer ses idées nécessite souvent un ajustement vestimentaire plus strict.

Les stéréotypies opposées des vêtements d'un publiciste et de ceux d'un banquier ne relèvent pas uniquement de la simple convention sociale. Le créateur a besoin d'un renforcement sensoriel et d'une certaine aisance des gestes dans sa vie quotidienne.

Certains habits poussent à des pas et des gestes amples, d'autres invitent à la réflexion, au calme, d'autres encore nous briment, nous y pensons étroit...

Choisir son habit du jour doit intégrer la composante sociale, mais aussi la structure symbolique du jour.

L'intérêt porté au look – certains dirigeants travaillent ce sujet avec des spécialistes – n'a de sens que si la composante intime sensorielle et gestuelle de l'habit est intégrée. À défaut, si ce qui est donné à voir n'est pas en accord avec un ressenti sincère, le résultat manquera son but.

Une recherche sur ses propres couleurs, intéressante elle aussi, va dans le sens de ces recherches générales.

Les déplacements

Si vous ne percevez pas la tristesse glauque du premier vol Toulouse-Paris, de l'avion bourré d'hommes d'affaires, lisant au même rythme *La Dépêche* qui émerge au-dessus de la forêt des crânes, votre cas me paraît désespéré.

Si vous n'avez jamais le goût de prendre votre TGV Paris-Lyon en seconde pour vous distraire avec quelques familles aux bambins courant dans le couloir, avec des militaires chantant et riant, avec des étudiantes propices au rêve, votre cas me paraît sévère.

Si vous ne vous amusez plus à ne pas réserver d'hôtel pour errer près de la gare vers dix heures du soir, tentant votre chance auprès de tenancières surprises dans leur dîner tardif, votre cas me paraît inquiétant.

Ici, je vous provoque volontairement.

Mais sachons nous renouveler, un trajet peut être une préparation à l'action. Un changement de moyen de transport ou d'itinéraire peut modifier une façon d'être habituelle.

Changer de chemin pour reprendre un problème laissé en l'état la veille peut être salutaire.

Le choix de l'hôtel, du café, du restaurant doit aussi être guidé par la sensation de l'instant. Un hôtel de chaîne, habituel, peut, après une journée fatigante, être un havre de paix ou se révèler déprimant par manque de vie. Il faut se connaître, savoir écouter l'instant qui nous éloigne de l'habitude.

L'humain est comme le mammifère, il se déplace selon les trajets sensoriels qui lui plaisent. Un « vrai » Parisien n'a pas peur de faire un petit détour, dont il affirmera en toute bonne foi le bien-fondé, pour passer à Saint-Germain ou au Carrousel... C'est le plaisir de la ville qui offre toujours plusieurs itinéraires, des lieux chargés d'un pouvoir d'émotion. Ces habitudes-là sont bonnes, car les sensations de plaisir sont toujours au rendez-vous.

À ces endroits, vous faites votre plein d'énergie, et vous le savez.

Dans un lieu étranger, essayez de trouver ces points d'eau, ces lieux de ravitaillement.

« Je me sens en forme »

C'est une jolie formule, on y retrouve non seulement la sensation mais aussi l'espace (la forme).

Essayez de repérer ce que vous ressentez lorsque vous prononcez cette phrase. Les différentes sensations, difficiles à formuler, se ressemblent sur certains points :

– Une sensation de corps présent dans son ensemble, de totalité.
– Une sorte d'harmonie dans les mouvements, une présence musculaire.
– Une exacte perception de ses limites et du contact avec l'espace ambiant, sorte de présence tactile.
– Une énergie diffuse qui tend la surface corporelle et donne une sensation de plein.

Pour certains, une habitude, un rituel déclenchent cet état : douche, étirements, air frais du matin, musique (on y retrouve souvent quelque chose de l'enveloppement, du fait d'être entouré : on peut penser là à notre univers heureux et liquide d'avant la naissance). Pour d'autres, il s'agit d'une sorte de grâce matinale subite et imprévisible, plus difficile donc à recréer.

Pour entretenir cet état, essayez de garder le contact avec les sensations qui le constituent. Si la douche, l'air frais et le contraste des vêtements chauds ont démarré la sensation, essayez, dans la journée, de garder le contact avec cette sphère tactile.

Si ce sont des croissants chauds, n'essayez pas de vous en gaver mais reprenez-en le souvenir, mangez plus tranquillement votre repas, profitez de votre café, etc.

Tout le monde du travail est fait, hélas, pour éteindre ces sensations : luttez à votre manière.

De la même façon, essayez de faire revenir le plus possible votre sensorialité, comme on veillerait sur un feu qui s'éteint.

Je me souviens des sensations de vent, de pluie, de froid sur un bateau, pleinement riches, intenses et sources de plaisir : je souris de reconnaître que pour un Lyonnais, les mêmes sensations de vent, de pluie et de froid Place Bellecour deviennent, on ne sait pourquoi alors, négatives.

Certes, j'exagère : on comprend la différence, si dans les deux cas la présence est la même, le plaisir, lui, est différent.

Prévert nous parle du petit bruit de l'œuf dur sur le comptoir d'étain qui résonne dans le cœur de l'homme qui a faim.

La faim quotidienne de sensations a toujours, elle, de quoi se rassasier sur place, mais, à promettre des brioches, elle peut faire perdre jusqu'au goût du pain.

3. Sensorialité et culture

Quelques simples notes.

Le fondateur de la proxémie (la proxémie étudie les rapports sensoriels et temporels de l'individu avec le monde), E.T. Hall, affirme dans *La dimension cachée* que la majorité des échecs de transaction entre pays différents est due à des erreurs sensorielles, à des différences de perception de l'espace et du temps.

Notons ici que cette écoute sensorielle et quotidienne de la vie des autres vous servira étonnamment dans un pays étranger. Vous aurez aisément les gestes, la voix, les rituels, vous respecterez et comprendrez vite « les goûts et les couleurs ».

Parler la langue du pays, c'est bien, mais son langage, c'est mieux. Prendre plaisir à s'éveiller aussi à d'autres sensations, c'est une façon de se créer encore. Un étranger qui vous voit partir à la recherche de ce qui constitue son quotidien, ses racines sensorielles, vous adopte et souhaite travailler avec vous.

Dans le livre d'Italo Calvino, *Sous le soleil jaguar*, la cuisine mexicaine est présentée comme livrant tout le Mexique à qui s'y intéresse.

La littérature renseigne à merveille sur l'univers sensoriel et les habitudes de l'autre.

J'organise des réunions d'écrivains et de dirigeants dont le but premier n'est pas l'échange intellectuel mais l'échange sensoriel.

La lecture est éveil et partage de sensations.

L'écrivain nous transmet l'odeur de son enfance, le goût des plats, la qualité de l'air, l'aspect de la lumière, les bruits quotidiens.

On sort d'un livre comme d'un voyage.

Vivez au quotidien cet état qu'un voyage éveille naturellement : perception accrue, vigilance sensorielle, disponibilité, capacité d'étonnement.

Vos capacités professionnelles s'en trouveront renforcées.

Rappelez-vous ces « rapports d'étonnement » demandés par certaines sociétés japonaises à leurs cadres voyageant à l'étranger. Ils leur ont permis d'être en avance sur les concurrents dans bien des domaines.

La capacité d'étonnement nécessite plus d'entretien que celle de penser. Elle devrait être mise au catalogue des fonctions menacées. Rien ne sert de protéger les baleines si elles ne nous étonnent plus.

4. Sensorialité et mémoire

« La mémoire n'est pas une nécropole » (R. Sonkin), elle est créatrice.

Les comparaisons avec les tablettes de cire de l'Antiquité ou la mémoire d'un ordinateur est fausse. Un exemple simple est celui de cet ami, reconnu dans la rue après vingt ans d'absence. L'orthographe de son visage a changé, l'ordinateur ne la reconnaîtrait pas, et pourtant vous le reconnaissez. « Mais c'est Léon ! »

La mémoire est sensorielle.

Rappelez-vous la madeleine de Proust (*Du côté de chez Swann*). Une odeur, un parfum, un goût font revenir les images oubliées.

Mais la sensorialité est aussi et surtout le lien d'ancrage de ce qui sera souvenir.

On ne se souvient bien que de ce qui nous est parvenu avec une certaine force sensorielle. Une phrase et le visage qui l'a prononcée, l'intonation, nous arrivent ensemble.

Les événements difficiles nous restent souvent mieux en mémoire que les périodes heureuses, ils sont souvent plus propices aux sensations. Par ailleurs, le stress, qui utilise certains médiateurs chimiques communs à ceux de la mémoire, accentue ce phénomène. Si le stress peut empêcher la restitution, il favorise l'inscription.

Aussi, pour vous lecteur, peut-être confronté à ce que vous appelez une diminution de votre mémoire, cherchons quelques pistes d'action.

Oubli des noms propres, des numéros de téléphone, d'une course, difficulté à retrouver une information récente... ces signes vous inquiètent.

Ces faits ne gêneraient pas trop s'ils n'inquiétaient pour l'avenir. Ils sont, bien sûr, plus mal perçus par ceux qui « comptaient » sur leur mémoire.

La souffrance touche alors ce qu'on nomme la « métamémoire », c'est-à-dire notre connaissance introspective de nos capacités mnésiques. Ainsi, beaucoup sont atteints davantage dans cette image de leur mémoire que par les inconvénients réels qu'ils subissent. Un réajustement sur ce point paraît bénéfique.

Dans l'ensemble des cas, et à la lecture des travaux actuels, les altérations recouvrent quatre directions :
– une réduction du traitement de l'information qui est trop superficiel ;
– une altération des capacités d'organisation et des stratégies de mémorisation ;
– une diminution du pouvoir d'imagination ;
– une baisse d'attention.

Lors de stages d'entraînement à la mémoire que nous menons avec le Dr. Sonkin et des amis pédagogues, le travail sur le renforcement sensoriel, l'état de relaxation, la gestuelle d'apprentissage s'équilibre avec celui consacré aux purs exercices mnémotechniques.

La compréhension de la physiologie de la mémoire (que nous nous excusons de ne pas traiter ici) modifie certains a priori souvent à l'origine de ces pathologies de la métamémoire.

La relaxation intervient autant pour l'ouverture sensorielle que pour ce qui touche aux difficultés de restitution, essentiellement liées au stress.

La gestuelle libère les capacités mnésiques, c'est un des fondements de la « suggestopédie », très utilisée dans l'apprentissage des langues.

L'enfant vissé sur sa chaise apprend moins bien l'anglais que celui qui, sans pupitre ni siège, peut bouger et mettre un geste sur une expression. Vous pouvez ainsi mieux comprendre la faible rentabilité de vos études secondaires !

Le nom d'un parfum, senti en dansant, et réclamé dans un frisson, vous reste à jamais.

Devant toute perte ou diminution de mémoire, le médecin évoque en premier lieu un surmenage, un contexte dépressif, avant des pathologies plus lourdes ou plus complexes.

Or dans ces deux cas, la perte sensorielle, la diminution du « goût » des choses et de la vie sont les premiers signes.

Exercer dans votre métier la sensorialité, comme un devoir si c'était possible, est essentiel. Repérer ses entraves permanentes est une nécessité.

Savoir jouir de l'eau sans jacuzzi, de la nature sans golf, du temps sans soleil exotique, etc., savoir jouir de l'instant et savoir le créer, c'est rester enfant, c'est-à-dire vivant.

Exercice sensoriel
(sert aussi d'exercice de concentration)

Assis ou allongé, relaxation habituelle.
Je laisse de côté mes sensations corporelles et laisse venir dans le champ de ma conscience l'image d'une pomme.
Je la regarde : volume, taille, forme, surface, couleur, brillance, etc.

Je la prends dans ma main : volume, qualité de la surface, température, poids, consistance, dans l'autre main, je la fais sauter, je la frotte contre ma manche, etc.

Je la porte au visage : odeur, toucher contre la joue.

Je la pose sur une assiette et très doucement, en intégrant sensations, odeurs, bruits et images visuelles, je la coupe en deux jusqu'au petit bruit du couteau contre l'assiette.

Je regarde les deux moitiés, égales ou non, leur position sur l'assiette, etc.

Je peux maintenant, à mon idée, la couper en quatre, la manger, l'éplucher, en prendre une autre, etc.

La seule « règle » est d'être présent aux sensations.

Puis je laisse cette image, je reviens à l'ici et maintenant, sensations corporelles, lieu, et reprise du tonus d'activité.

Cet exercice est un travail sur la sensorialité, différent de la libre association des rêves.

Il enrichit l'univers sensoriel souvent limité à ses registres quotidiens.

Il aide à la créativité.

Il permet la concentration des personnes souvent dérangées en relaxation (et dans la vie) par des idées parasites.

Il évite les anticipations en suivant un chemin, étape par étape. Par exemple, la vue laissera ensuite place au goût qui devra épuiser ses possibles avant de... Il est très utile pour ceux qui terminent pour l'interlocuteur sa propre phrase, et qui pensent à deux ou trois choses en énonçant une quatrième.

Il peut s'exercer sur n'importe quoi, un objet de votre bureau par exemple.

Propositions d'action

Exercer un sens par jour (Lundi, l'odorat, Mardi, le toucher, etc.).

À une conférence, à une réunion, ne pas choisir sa place indifféremment ou sur les seuls critères sociaux : choisir le bien-être sensoriel.

Savoir varier ses trajets (route, moyen de transport, hôtel, etc.) en fonction de l'instant et du tonus nécessaire.

Créer un écho avec un objet, un lieu, qui renforce son sentiment de vie sert aussi de refuge sensoriel.

En cas de surcharge d'un sens (trop de bruit, de lumière, etc.), essayer de relancer le fonctionnement des autres pour augmenter le bruit de fond du corps.

Associer ce que l'on souhaite mémoriser aux sensations de l'instant ou à des images.

Créer un environnement sensoriel tonique, propre à l'action.

Rappelons enfin que toute la communication, non traitée dans cet ouvrage, est essentiellement sensorielle.

Bibliographie

E. T. HALL, *La Dimension cachée*, Coll. Points, Seuil (fondamental, ancien et toujours moderne, traite de l'espace et de la sensorialité dans l'interculturel)

Michel SERRES, *Les cinq sens*, Éd. Grasset (le meilleur, le plus étonnant)

Jacques NINIO, *L'empreinte des sens*, Éd. Odile Jacob (très physiologique, intéressant)

C. OLIVENSTEIN, *Le non-dit des émotions* (lien entre sens et émotion), *Les cinq sens et l'amour*, Coll. Réponses, Éd. R. Laffont (plus large que le titre, plein d'idées)

Marie-Louise PIERSON, *L'image de soi : mode d'emploi*, Éditions d'Organisation.

Romans :

Italo CALVINO, *Sous le soleil jaguar*, Seuil.

Patrick SÜSKIND, *Le parfum*, Poche.

Chapitre 5

Le stress : frein
et moteur de l'action

Il se peut que vous ayez la même résistance à lire ce chapitre, tant le sujet est repris régulièrement par les médias, que moi à l'écrire.

Ce n'est pas que la matière me manque mais le généraliste, le psychosomaticien, le sophrologue, le formateur qui sont en moi veulent parler chacun leur langage.

J'essaierai donc plutôt de répondre à vos demandes.

Il y a celles exprimées en formation, un peu stéréotypées par le groupe, le poids de votre fonction, la nature même des séminaires, mais spécifiques d'un type d'attente, et d'autres, différentes, entendues aux pauses, en aparté, ou dans l'intimité du cabinet médical.

Mais commençons par un peu d'histoire et de physiologie avant d'y répondre plus directement.

1. Histoire du stress

Le SGA

Des animaux soumis à des contraintes variées – injection de produits, surpopulation, restriction alimentaire, température inadaptée – meurent.

À l'autopsie, on trouve les mêmes lésions, quelle que soit la contrainte. Ces lésions forment une triade :
– le cortex surrénal[1] est hypertrophié ;
– le thymus[2], la rate, les ganglions lymphatiques atrophiés ;
– des saignements et des ulcères apparaissent sur l'estomac et la partie supérieure de l'intestin.

Ces constatations sont le point de départ de toute l'histoire du stress.

---

1. Partie périphérique externe de la glande surrénale – située au-dessus de chaque rein – responsable de la production de corticoïdes naturels dans l'organisme.
2. Glande située à la base du cou devant la trachée – plus développée chez l'enfant et le jeune animal que chez l'adulte – jouant un rôle important dans la résistance aux infections.

174

Que montrent-elles ?

Un organisme soumis à une contrainte non physiologique (c'est-à-dire différente de ce que l'espèce sait vivre et durant un temps supérieur à ses possibilités) va mourir, mais quelle que soit cette contrainte, sa mort sera de même nature. Cette triade apparaît indépendamment du facteur déclenchant.

Quel est le lien ?

Il fut difficile à trouver, d'autant que Hans Selye, le découvreur du stress, avait commencé ses recherches sous un tout autre angle. Il injectait des produits organiques à des souris et constatait cette triade. Il chercha donc le corps chimique qui pouvait être présent dans tous, donc responsable. Mais passant de produits animaux à de pures substances chimiques, il obtint le même résultat.

Le dénominateur commun était la réaction à l'agression et non le facteur de l'agression. Tout partit de là. Certes, chaque type d'agresseur pouvait, en plus, causer ses propres troubles mais cette triade apparaissait toujours.

Le premier nom du stress fut le SGA, « Syndrome Général d'Adaptation ».

H. Selye isola trois étapes : la réaction d'alarme, le stade de résistance et le stade d'épuisement.

La réaction d'alarme est le premier temps : réaction immédiate dont nous verrons les principes plus loin.

Le stade de résistance est l'équilibre nouveau installé par le corps pour faire face à la situation.

Le stade d'épuisement survient lorsque les capacités de résistance s'épuisent, soit en raison du temps de contrainte, soit en raison de l'addition d'autres facteurs.

Une expérience éclaire bien ces trois phases.

On soumet un rat à une température de 3°C pendant quelques jours. Quand on le sort, il est normal : il a bu, mangé, fait sa toilette.

C'est la phase d'alarme.

On le met ensuite à – 5°C avec un autre rat qui, lui, ne connaît pas le froid et meurt. Le premier rat, aguerri, survit.

C'est la phase de résistance.

On remet ce rat à – 5°C il va mourir car il est incapable de résister à un stress auquel il était pourtant habitué.

Quelque chose s'épuise, mais qu'est-ce qui s'épuise ? Hans Selye a cependant donné un nom à cette ressource : « l'énergie d'adaptation, le pouvoir de résistance ».

Cet exemple soulève plusieurs questions : a-t-on un capital d'adaptation au départ et qui s'épuise ? est-il le même pour tous ? peut-il se recharger ? peut-on prévoir le passage en faillite ?

Prenons un exemple humain : le froid en montagne.

– **Alarme** : votre corps trouve une parade, redistribue le sang autrement, vous bougez, vous vous réchauffez vous-même.

– **Résistance** : le temps passe, votre corps trouve un compromis, il retire le sang des extrémités pour protéger les organes dits nobles (cerveau, cœur, reins).

– **Épuisement** : le froid persiste, le sang se retire de plus en plus, votre température s'abaisse, les risques augmentent et vous pouvez mourir de froid.

Cette mort peut être accélérée ou déclenchée par un événement qui vous demande de l'énergie, la mort d'un compagnon par exemple.

Comprenons bien les enseignements pratiques.

L'alarme chez l'être humain se perçoit bien par toute une variété de sensations : cœur qui s'accélère, respiration courte et rapide, modifications circulatoires et motrices. À ce moment, vous acceptez de reconnaître votre stress et vous essayez de lutter contre lui.

La phase de résistance est beaucoup moins riche. Les manifestations se sont atténuées ou sont devenues familières et presque acceptées (sorte de prélèvement automatique indolore).

Seule une observation fine de soi ou l'écoute amicale des autres nous permet de saisir cette phase.

Enfin, la phase d'épuisement (maladie physique ou mentale, mort) survient souvent à un moment imprévisible, sans surcharge apparente, ou pour une surcharge toute différente et parfois apparemment minime.

Pratiquement, écoutez les signaux de votre corps sans complaisance mais aussi sans peur, comme des informations. Il faut agir, et nous verrons comment, dès les premières manifestations.

Ce sont des tensions (mâchoires, dos-nuque-jambes) des blocages respiratoires, des nœuds à l'estomac, à la gorge, des troubles circulatoires (mains moites, bouche sèche, etc.), digestifs, des petites affections répétées, de la nervosité, des modifications de caractère, etc.

Sachez qu'ensuite vous vous y habituez, « c'est normal, avec la vie que j'ai » dit-on. Certes, mais ce n'en est pas moins préjudiciable car la frontière avec le stade d'épuisement n'est pas claire ; vous ne serez souvent averti que par le pépin. Nous pouvons le dire ici sans peur de choquer, car nous vous proposons de bonnes stratégies pour tenir le coup en attendant que cela change.

Mais continuons l'histoire du stress.

Hans Selye progresse, les travaux du monde entier viennent enrichir son travail et le concept SGA ne cadre plus avec la variété des approches. Il invente alors un mot nouveau, le « STRESS », qui existait mais qu'il reprend autrement.

178

Il le définit alors comme « la réponse non spécifique de l'organisme à toute demande qui lui est faite ».

Le sens important, bien sûr, est « non spécifique ». Il parle alors d'une réponse identique et unique, large.

Il élargit également la notion d'adaptation. Dans une de ses interviews, il dit que se coucher est encore un stress car il faut changer les paramètres de fonctionnement du cœur, de la respiration, etc. La notion de demande est donc très large.

Le mot « stress », présenté à l'Académie des Sciences à Paris, se trouve adopté par le public et est devenu d'usage courant. Il s'utilise alors soit dans le sens d'agent stresseur (« quel stress ! »), soit dans le sens de réponse (« je me sens stressé ») et aussi dans son sens large, unissant l'agent et son effet (le « stress »).

En médecine, il contient l'ensemble des processus dans une dynamique interactive.

2. Physiologie du stress

Autant la physiologie de beaucoup de nos fonctions nous échappe directement (fabrication d'os, de globules, épuration rénale, etc.), autant celle du stress est vivante.

– La première réponse au stress dite « immédiate » ou nerveuse est liée au système nerveux. C'est la fameuse sécrétion d'adrénaline que vous ressentez : accélération du cœur, respiration courte et rapide, transpiration, bouche sèche, chair de poule, etc., autant de manifestations dues à la stimulation de votre système sympathique. Si vous évitez un accident, vous pouvez à la seconde sentir ces manifestations. D'autres réactions vous échappent : augmentation de la tension artérielle, irrigation accrue des muscles et du cerveau, élévation du sucre circulant par libération des réserves du foie.

– La seconde réponse est hormonale et plus tardive, elle relève d'un type d'hormones que vous connaissez de nom : les corticoïdes. Ils reconstituent les réserves de sucre, ont une action anti-inflammatoire, diminuent les défenses immunitaires, modifient la circulation sanguine.

Ces actions ont pour but de permettre l'effort : sucre récupéré pour être redistribué, action antidouleur, diminution des réactions excessives de l'organisme à l'agression (allergie).

– La troisième est contemporaine de la seconde : sécrétion d'endorphine. Cette molécule ressemble à la morphine. Elle accentue l'effet antidouleur. Les corticoïdes et l'endorphine prennent le relais si le stress dure.

Un stress court, un événement déclenche une réaction de type adrénalinique. S'il se prolonge, la deuxième phase prend la suite. On peut également être en stress chronique parsemé de stress ponctuel. Par exemple, une affaire en difficulté et les événements permanents qui l'émaillent : factures, huissier, appels, etc. (je m'arrête pour ne pas trop vous stresser !).

Enfin, il apparaît que les réactions physiologiques du stress sont des réactions d'adaptation dont le processus est très ancien dans l'histoire de l'homme. Ainsi sont-elles orientées vers le type d'agression originel : le danger vital nécessitant l'action.

Il faut saisir cette dimension pour comprendre les expériences et travaux d'Henri Laborit.

Inhibition et activation de l'action

Mettons une souris dans une cage et envoyons-lui des décharges électriques à rythme régulier. Au bout d'un certain temps, elle se blottira dans un coin sans bouger ; libérée, elle gardera une hypertension quelque temps ; laissée, elle mourra d'ulcères digestifs.

Dans les mêmes conditions expérimentales, une souris qui partage sa cage avec une autre souffrira beaucoup moins de cette agression.

L'action se résume à la fuite ou la lutte, toutes deux actions dynamiques du corps. Si je ne peux pas lutter ou fuir, je m'inhibe.

La seconde souris ne peut pas fuir, tout comme la première, mais elle peut lutter contre l'autre souris ; certes, à nos yeux, cette lutte est dépourvue de sens, mais pendant ce temps, tous les processus mis en place fonctionnent, les boucles de régulation (feed-back) permettent le retour à l'équilibre.

L'action est la régulation comportementale du stress.

Henri Laborit, neurophysiologiste français, est à l'origine de la théorie de l'inhibition de l'action (popularisée avec le film de Resnais : *Mon oncle d'Amérique*).

Si je m'inhibe, si je reste sans agir devant la situation, ces processus ne se mettent pas en place, il y a une sorte de dérive hormonale avec apparition de sous-produits néfastes.

Une comparaison simple : vous faites vos courses pour le repas, vous mettez la table et ensuite, inhibé, vous ne mangez ni ne jetez, votre comportement positif se renverse.

Henri Laborit isole trois voies. La voie de l'inhibition de l'action et deux faisceaux de l'Activation de l'action : le PVS (fuite, lutte) et le MFB, dit faisceau de la récompense.

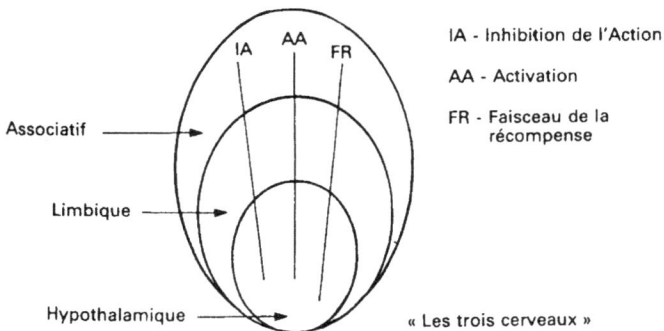

IA - Inhibition de l'Action

AA - Activation

FR - Faisceau de la récompense

Associatif

Limbique

Hypothalamique

« Les trois cerveaux »

Ce faisceau de la récompense, dit aussi faisceau du plaisir, est une structure qui mémorise les expériences heureuses et nous pousse à les reproduire.

Ces trois voies traversent les trois cerveaux[1].

L'hypothalamique est le cerveau de régulation des processus de fonctionnement de base de l'organisme.

Le limbique contient les grandes pulsions de l'espèce, la mémoire et donc l'affectivité.

L'associatif (il correspond en gros au cortex) est celui qui est propre à l'espèce humaine. Il est source de la pensée consciente, du langage, etc.

Ce modèle est, indépendamment de sa richesse théorique, très intéressant pour comprendre la structure comportementale du stress.

Apparaissent ici l'enracinement corporel du stress (sensations), son passage par la mémoire et l'affectif (pas de stress qui n'ait une histoire) et sa dépendance de notre imaginaire.

Ici sont tracés les niveaux stratégiques de contrôle du stress.

---

1. On parle ici des trois cerveaux en quelque sorte empilés anatomiquement ; quand on parle des deux cerveaux, il s'agit des lobes droit et gauche, structure transversale.

3. Stress au quotidien, stratégies anti-stress

Situation, sensation, sentiment, action

Avant de développer ces stratégies, prenons le temps de considérer le stress dans ses manifestations quotidiennes.

Ce mot évoque pour chacun des associations diverses.

Apparaissent au tableau en séminaire : énergie, dépression, stimulation, blocage, fatigue, vie, tension, vie moderne, adrénaline, nécessaire, infarctus, phobie, voiture, angoisse, rythme, etc.

Pour essayer alors d'y voir plus clair, il est bon de demander à l'un ou l'autre d'évoquer son stress à travers quatre données : la situation, ce qu'il a senti (sensations), ressenti (sentiments) et pensé, enfin ce qu'il a fait pour s'en sortir, les actions.

Le tableau ci-après reprend trois cas recueillis en séminaire qui nous serviront d'exemples.

L'exploitation de ce vécu du stress va nous donner les pistes d'action pour une régulation du stress, de son déclenchement à ses effets.

Situation	Sensation	Pensée	Action
Embouteillage	• mal à la nuque-dos • tension bras • crispations	• faut être fou pour vivre à Paris • les gens sont dingues	• klaxonner • tapoter le volant • descendre pour voir
Attente avant un rendez-vous important	• mains moites • cœur rapide • sueurs froides	• détends-toi • on verra bien	• respiration • demande de verre d'eau
Parler en public	• cœur qui bat fort • bouche sèche • jambes molles	• pertes d'idées • essayer de se souvenir de ce qu'il faut dire	• un café • s'isoler

Les situations

Elles varient infiniment de l'un à l'autre. Telle situation qui paralyse l'un est naturelle pour l'autre ou l'exalte et réciproquement.

Elles ont toutefois un point commun : elles sont d'autant plus pénibles qu'elles s'accompagnent d'une sensation d'impuissance durable. Je ne peux agir sur elles au moins dans le domaine des interventions sociales : je ne peux pas faire sauter mon patron qui me stresse, ni en réalité (je n'en ai pas le pouvoir), ni avec une bombe (je n'en ai pas le droit).

Tout le travail, à ce niveau, est de repérer exactement ce qui me stresse, dans cette situation.

Ce repérage est à la base des stratégies car on ne combat que ce que l'on connaît.

Pourtant, si j'essaie de savoir ce qui me stresse dans une situation, ce n'est pas toujours aisé.

Si nous gardons l'exemple du patron et que je réponde à son mauvais caractère, il me faut aller plus loin.

Comment se manifeste-t-il : des réflexions, à voix haute ou trop douce, trop longue, trop sèche, en public, en privé, au mauvais moment, des gestes de réprobation, des dossiers jetés, une surveillance dans mon dos ou son refus de discussion pour montrer qu'il est le patron, etc. ?

Cette mise en faits, cette mise à plat chirurgicale (et phénoménologique) d'une situation généralement présentée dans sa dimension psychologique, globale, est très éclairante. Elle va nous permettre de trouver les éléments négociables, sorte de bras de levier déstabilisant un stress installé considéré comme un bloc.

Prenons un autre exemple.

Le métro vous stresse : est-ce la foule, le fait d'être serré, les odeurs, son trajet souterrain, la durée, le regret de ne pas avoir de voiture, la répétition, une peur diffuse, le fait de le prendre pour travailler ou que le travail auquel vous vous rendez vous déplaise, etc. ?

Si je saisis par exemple que je déteste le métro parce qu'il m'amène à un travail pénible, je ne suis pas obligé de lui trouver tous les défauts. Dans ce cas, prendre la voiture ou le bus sera moins efficace que dans le cas d'une sorte d'allergie au noir, aux profondeurs ou à la foule.

Bien souvent, nous l'avons vu, il y a amalgame ou encore confusion.

Ne pas endosser trop rapidement les stéréotypies sociales qui sont pour ou contre quelque chose, sans vérifier son propre ressenti, est assez salutaire.

Les sensations

Ces sensations relèvent directement de la physiologie du stress, de la poussée d'adrénaline.

On trouve toutes sortes de signes : mains moites, sueurs, bouche sèche, tremblements, respiration bloquée, bégaiement, gorge serrée, jambes qui lâchent, troubles excrétoires, douleurs du dos, de la nuque, etc.

Elles sont la marque de votre stress. Elles sont, de ce fait, des repères. Si vous les connaissez bien, vous pourrez diagnostiquer un petit stress qui serait inaperçu de vous, vous pourrez l'enrayer avant que cela ne soit trop difficile. Enfin, elles vont définir les stratégies opérantes pour vous.

Vous essaierez de débloquer la région la plus sensible ou de lui éviter le blocage.

Les pensées

La même situation et les mêmes sensations vont se trouver intégrées dans un univers personnel qui va produire une élaboration consciente. Nous l'appelons ici pensée, parfois sentiment.

Le même risque de collision évitée de justesse, un jour où j'étais pressé et roulais trop vite, me donnera son frisson mais mon sentiment, ou ma pensée, ne sera pas le même qu'un jour banal où je roulais tranquillement. Le premier sera peut-être un sentiment de chance, le second m'accablera de la folie des gens et des vicissitudes de la voiture, du monde moderne, etc.

Dans les exemples cités dans le tableau précédent, le stress entraîne trois élaborations différentes. La première « psychologise » et « socialise » l'événement. Cette pensée protège dans un premier plan en retirant la responsabilité, mais elle aggrave dans un second en augmentant l'impuissance. La seconde élaboration se raisonne et essaie de ne pas se laisser submerger en proposant déjà une action et en relativisant. La troisième note une perte du contrôle de la pensée, de ses possibilités d'analyse et lutte par une démarche qui semble rationnelle.

À ce stade, nous voyons que le stress est dans une situation (plus ou moins identifiée), avec les sensations qui l'affirment (plus ou moins perçues), les pensées (ou sentiments plus ou moins formalisés) qui s'y rattachent et les actions (plus ou moins volontaires et conscientes) entreprises pour y mettre fin.

Les actions

Repérons d'abord comment les actions sont liées naturellement aux sensations. Dans notre premier cas, les tensions vont entraîner de naturelles envies de bouger (klaxonner, tapoter, aller voir). Dans le second cas, où les sensations sont plus intérieures, la recherche va se faire pour débloquer le « dedans » : respirer, boire. Dans le troisième, le café, par son image tonique, va répondre à la mollesse des jambes et à la perte des idées ; un verre d'eau, à la bouche sèche.

À noter que chaque action est adaptée tant à la situation qu'au type de l'individu qui la met en place. Un individu actif sera tenté de réagir par l'action, un autre essaiera de compenser par un plaisir, un autre encore par une élaboration mentale... À chacun son style de négociation du stress.

Les stratégies anti-stress

On peut les classer en trois chapitres et deux niveaux : stratégies toniques, sensorielles, mentales ; spontanées et élaborées consciemment.

« Sur le coup »

Stratégies toniques

- Spontanées : elles relèvent de l'action musculaire : bouger, marcher, courir, frapper, crier, ou s'immobiliser, se tasser, etc., souffler, respirer.

- Réfléchies : respirations profondes, détente musculaire des zones tendues, suites de tension-détente, relaxation générale.

Stratégies sensorielles

- Spontanées : boire un verre, manger, grignoter, fumer, s'acheter quelque chose, se faire masser, nager, prendre une douche, écouter de la musique, se parfumer, regarder, etc.

- Réfléchies : les mêmes mais conscientes, plonger dans une sensation indépendamment de sa qualité (entendre les bruits, toucher un objet, etc.), se faire une image sensorielle d'un plaisir à venir.

Stratégies mentales

- Spontanées : éliminer (penser à autre chose, oublier), relativiser (minimiser, se raisonner, faire « Perrette et le pot au lait » à l'envers), positiver (repérer l'aspect ou le point positif malgré tout), transcender (changer ses références, relativiser par le haut).

- Réfléchies : prendre une situation phénoménologique, « lire autrement » la situation, se projeter dans l'avenir.

Préventives

– Les stratégies peuvent être ciblées sur l'événement prévu ; elles l'anticipent, le travaillent en image, permettent ainsi un conditionnement positif (et un déconditionnement du négatif).

Voir l'exercice ci-après.

Elles consistent à visualiser le moment qui suit la difficulté : par exemple lors d'un accouchement, l'enfant né ; après une semaine difficile ou un rendez-vous important, un moment agréable.

Ce sont des stratégies dites de « principe d'action positive » : il s'agit d'essayer, à l'intérieur d'une situation difficile qui dure, de repérer trois éléments positifs qui puissent servir de points d'appui. Par exemple, dans ce travail, rien ne va, mais le quartier est agréable, la cafétéria est de qualité, mon bureau est correct. Une surveillante pensant au stress permanent causé par son patron trouvait qu'il avait de belles cravates et une conscience professionnelle, le troisième point fut impossible à trouver.

– Les stratégies peuvent aussi être générales : entraînement personnel à la relaxation dynamique, à la respiration, travail sur la sensorialité, le maniement des images, etc., pour ne rester que dans le thème de cet ouvrage. Ces stratégies comprennent stress banal et quotidien.

Exercice de préparation
à une situation stressante

Exercice allongé, détente de tout le corps, respirations abdominales ; en soufflant, relâcher les muscles, l'air par vagues.

Prendre une image de détente, bien la vivre, utiliser ses cinq sens, sentir l'harmonie entre soi et le monde.

Serrer le poing comme pour y garder l'image, trois fois à vingt ou trente secondes d'intervalle.

Revenir à son corps dans le lieu et l'instant où l'on est.

Visualiser maintenant la situation, voir les lieux, les préciser au mieux avec les cinq sens, se voir maintenant en situation, avec ses habits, ses gestes (cette phase est bien sûr difficile, le simple fait de voir les lieux pouvant réveiller la panique ou les troubles ; dans ce cas, reprendre la relaxation et l'image de détente, respirer et n'y revenir que progressivement).

Continuer à bien visualiser, sentir une certaine harmonie interne et avec l'environnement, revenir au moment présent.

Faire la reprise très soigneusement.

Dans l'heure qui suit et les jours avant cette difficulté, serrer le poing pour créer un réflexe-détente. S'en servir au moment même si nécessaire.

Entraînement selon l'importance du stress à commencer de deux à huit jours avant.

Vous avez dû repérer des stratégies qui vous sont familières et dont vous connaissez l'efficacité, les limites et les dangers.

Notre but est que vous les utilisiez mieux et que vous pensiez aux autres en cas d'insuffisance, de faillite, d'inadaptation des premières.

Prenons l'exemple de l'embouteillage.

D'habitude, vous écoutez la radio, elle est en panne, que pouvez-vous faire assis au volant ?

Tonique : exercices musculaires, ouvrir et fermer les mains rapidement, décontracter la nuque (rotations lentes en soufflant vers l'épaule), exercices périnéaux (contractions du sphincter anal positives pour le périnée et les fonctions sexuelles), s'étirer, décontraction pure des épaules, bras, respirations toniques ou détendantes, etc.

Sensoriel : utiliser ses autres sens, contact du volant et toucher d'un objet, regarder les autres, le paysage, parfumer l'habitacle et, bien sûr, cigarettes, bonbons, boissons diverses, etc., et programmation de plaisirs à venir.

Mental : se préparer à l'action proche, réorganiser le retard, en profiter pour penser à un problème ou un projet, rêver, etc.

Ces stratégies ne sont pas seulement d'évitement, mais comme vous le voyez, de dynamisation de l'instant, de relance de l'imaginaire.

4. Stress et efficacité

Action ponctuelle

Prenons la prise de parole en public, un exposé « important », comme exemple.

Plusieurs paramètres de réussite sont en jeu :

– **Vous** : votre état physique de l'instant, votre forme, vos connaissances du sujet, l'enjeu personnel, l'enjeu professionnel, etc.
– **Votre entreprise** : son état, l'importance de votre réussite pour votre hiérarchie, le public (qualité et nombre), etc.
– **L'espace-temps** où se déploie l'exposé, son moment, son horaire, le lieu, les qualités des sièges, etc.

Votre stress viendra ou augmentera en raison de l'un ou de plusieurs de ces paramètres.

Mais au moment même de l'action, seuls restent accessibles ceux qui vous concernent. Vous ne pouvez plus modifier salle ou heure ou hiérarchie, il ne vous reste qu'à utiliser au mieux et vos capacités et les lieux.

Comment se préparer

1. Habillez-vous d'une façon qui vous plaise, qui vous donne des sensations... et soit en accord avec le projet ! Si possible, avant, prenez une douche, changez de vêtements, et si la douche est chaude, allongez-vous cinq minutes ensuite.

2. Allez voir le lieu, faites le tour de la pièce, asseyez-vous au hasard, repérez des distances, sentez l'ambiance, la tactilité de l'air, les lumières, les odeurs, etc.

   Vérifiez le confort des sièges, leur distance ; en cas de grand inconfort tenez-en compte, soit en diminuant le temps de votre exposé, soit en distrayant votre public.

   Parlez et vérifiez que vous êtes entendu, mettez-vous au fond pour percevoir comment vous serez vu.

   Mettez-vous à votre place, prenez des repères dans la salle où poser votre regard, laissez une partie de vos affaires sur la table de conférence pour qu'à votre prochain passage, le lieu vous soit plus familier.

   Prévoyez quelque plaisir, eau ou boisson favorite, objet inutile que vous aimez toucher, etc.

3. Avant « l'entrée en scène », organisez votre temps.

   Sentez si vous souhaitez vous isoler ou bavarder ; cela est très important. Si vous vous isolez, vous pouvez lire quelque passage d'un livre (philosophie si vous devez manier des concepts, roman pour délier les mots et les phrases à venir). Cette lecture peut aussi servir de distanciation mais pour mieux revenir à l'objet.

De toute façon, assouplissez les épaules, détendez bras et mains. Si l'énergie est un peu insuffisante, serrez les poings quatre ou cinq fois à plusieurs reprises.

Vérifiez votre tonus et servez-vous de la respiration pour le monter ou le détendre.

4. Vous pouvez aussi, en attendant, vous visualiser en action parlant avec aisance, détendu et concentré, quelques minutes, comme le skieur voit son parcours.

L'exercice précédent, page 192, permet une préparation plus affinée et nécessaire en cas de stress ou d'enjeu important.

D'autres éléments techniques peuvent vous aider, mais tout ce que nous avons cité permet de vous déstresser sans vous relâcher, de vivre vraiment l'adaptation qui n'est pas soumission mais utilisation.

Le sportif nous apprend beaucoup en ce domaine. Il nous demande de le déstresser en gardant son énergie intacte ou même pour l'augmenter. Ce dosage est fruit d'un travail progressif, mais la variété des pistes que nous venons d'évoquer dans cet exemple vous permet déjà d'avancer.

Stress et activité

Chacun de vous a besoin d'une certaine dose de stress pour agir. Ce stress est alors à la fois la perception d'une demande qui éveille en nous l'envie de « faire » et le plaisir physique de la réaction émotionnelle.

Ce bon niveau de stress, nécessaire et différent pour chacun, est à trouver et à maintenir.

Au-dessous de votre niveau, c'est l'ennui, la fatigue d'un tonus éteint, la déprime.

Au-dessus, c'est la surcharge, les troubles liés aux décharges hormonales nécessaires et, à terme, l'épuisement.

Il nous faut vivre comme un équilibriste s'appuyant sur son balancier. Il faut, plus simplement, mettre ou lâcher la manette de l'accélérateur.

Ici encore, une perception des manifestations du stress permet cette recherche d'équilibre.

Reconnaître que la nécessité d'un double whisky, le soir en rentrant, n'est pas due à l'amour de l'Écosse, fait partie de ces démarches « honnêtes ».

Une de nos difficultés majeures vient de ce que les manifestations d'un « bon » stress sont les mêmes que celles d'un « mauvais ».

Le cœur amoureux qui monte l'escalier bat à la même vitesse que devant le policier qui vous fait signe au péage de l'autoroute.

Pire, les stress heureux s'ajoutent aux stress tristes dans notre bilan d'adaptation.

On connaissait autrefois la déprime des jeunes mariés : un appartement, une vie à deux, sexuelle, intime, le nouveau statut social, souvent un travail, un retour de l'armée, etc., autant de bonheurs qui les épuisaient ! C'est peut-être pour cela que notre époque disperse les étapes dans le temps.

Retenons seulement qu'il faut veiller à ne pas s'ajouter trop de stress, même heureux, si la coupe est déjà pleine.

Combien de managers sont déçus si je ne les félicite pas de s'arracher à leur travail pour un week-end aux sports d'hiver. Certes, l'air et la distraction sont profitables mais c'est encore une adaptation de plus (déplacement, altitude, température, sport, veillées, etc., retour) pour un organisme déjà en surcharge. Une semaine ne poserait pas le même problème, bien sûr.

Un peu de réflexion, un peu d'écoute de vous et des autres, un peu de finesse, et vous trouverez ce niveau propice au plaisir de l'action.

À *propos du burn out*

Ce mot a été employé pour la première fois en 1974 par Freudenberger.

Il définit un état de perception de vide, d'épuisement survenant chez des personnes équilibrées par ailleurs, mais soumises à une pression professionnelle intense.

C'est un ensemble de troubles physiques (maux de tête, douleurs diverses, troubles digestifs, troubles du sommeil), de modifications du comportement (irritabilité, agitation, hypersensibilité, repli, méfiance), de troubles psychiques (persécution, perte d'auto-évaluation, rigidité), de perte de capacité mentale (discours répétitif, appauvrissement du vocabulaire)...

Cet état, décrit plus particulièrement pour des membres de professions d'aide (infirmières, enseignants, etc.), se rapproche de ce que l'on nommait « maladie des dirigeants » dans les années 50.

Ces états de surmenage recouvrent une dépression cachée qui se manifestera ou restera sous-jacente. Une de ses formes est l'impression d'une vie mécanique, d'une robotisation de soi sans imaginaire. Cette perte de contact avec la sensation vitale, si elle ne se résout pas, amènera à la dépression ou à la décompensation par maladie.

Certains d'entre vous utilisent le repère du plaisir comme un garde-fou. Ils n'ont pas tort, dans la mesure où ils gardent au mot plaisir une plénitude et non un mouvement de l'esprit.

Un des premiers signes de stress excessif est une certaine perte de plaisir sans que le contexte ait changé.

Le *burn out* décrit ici en est une forme.

Dans une étude rapportée par Dominique Chalvin, dans *Faire face au stress*, on retrouve huit signes typiques recueillis chez les cadres.

- La peur de déléguer.
- L'incertitude décisionnelle.
- L'incapacité de l'autodiagnostic.
- Le manque d'écoute.
- La sensibilité aux critiques.
- La perte de sang-froid.
- La difficulté de se faire des amis.
- L'inaptitude aux loisirs.

Les six premiers montrent la gêne que le stress va occasionner dans l'organisation du travail.

Le problème majeur qui est alors posé à nous, médecins, c'est qu'à ce stade, l'individu ayant perdu toute possibilité d'auto-évaluation, il devient très difficile de le soigner et même de lui faire admettre son état. Essayons donc de ne pas en arriver là.

Propositions d'action

Repérer ses signes de stress et en tenir compte.

Éviter d'accumuler les nécessités d'adaptation.

Additionner stress positif et négatif dans le bilan stress.

En difficulté, mettre rapidement en place une action.

Choisir l'action par rapport à ses stratégies spontanées.

En cas d'échec, essayer une autre stratégie.

Devant une situation stressante chronique, essayer de séparer le tout en parties.

Se préparer en image aux situations difficiles.

Augmenter sa résistance au stress par un travail sur la respiration, la relaxation et l'enrichissement sensoriel.

En résumé

En situation de contrainte prolongée, l'animal meurt de la même façon, quelle que soit la contrainte.

Le SGA comporte trois étapes : alarme, résistance, épuisement.

Le stress est un mot adopté par Hans Selye : réponse non spécifique de l'organisme à toute demande d'adaptation.

Les stress heureux et malheureux ne se différencient pas physiologiquement.

Les réactions hormonales sont doubles :

– immédiate : l'adrénaline ;

– tardive : les corticoïdes et l'endorphine.

Certaines situations associent les deux.

La théorie de l'inhibition de l'action de H. Laborit montre la nécessité motrice d'action (fuite ou lutte) en situation de stress.

L'homme peut aussi agir en image.

Dans la vie quotidienne, il est bon de séparer : situation, sensation, pensée-sentiment, actions, pour agir à chaque niveau.

Les stratégies anti-stress sont de trois types :

– toniques (motricité, relaxation, respiration) ;

– sensorielles (plaisir d'un ou des sens) ;

– mentales (image projective tonique ou sensorielle).

Toute action anti-stress passe par un ensemble de stratégies au coup par coup et par un travail de prévention.

Il faut trouver son bon niveau de stress.

Jouer avec son stress peut amener à une difficulté vitale et préparer à la dépression ou à l'incident physique.

Bibliographie

Jean-Benjamin STORA, *Le Stress*, Coll. Que sais-je ?, PUF (intéressant et varié)

Bruno COMBY, *Stress-control*, Éd. Danglès (bien fait, pratique)

Dominique CHALVIN, *Faire face aux stress de la vie quotidienne*, ESF (un grand classique)

Frédéric VESTER, *Vaincre le stress*, Delachaux & Niestlé (bonne sociologie du stress)

Conclusion

L'action nous apparaît surtout dans sa composante mentale, intellectuelle. Agir, c'est choisir, décider, entreprendre. La partie noble de l'action serait dans son élaboration, sa création. Le relevé des données, l'exécution de la tâche apparaissent médiocres, et relever de l'étage hiérarchique inférieur. Celui qui est au sommet décide.

Nous avons beau repérer en politique cet inconvénient de tout chef coupé de la réalité, l'action comme détachée de son support, flèche qui vole, nous fascine.

Aussi, l'homme lui-même gêne, par son épaisse réalité, le stratège.

Qu'il soit malade, porteur d'enfant, porteur de doute ou sujet à la fatigue, agace comme autant d'obstacles au pouvoir du vouloir.

Mais l'homme n'est pas « le facteur humain ».

Affirmer que l'entreprise est faite par l'homme et pour l'homme et le croire est rare, le faire plus encore.

La médecine, elle-même, éloigne, pour prospérer, l'homme de son champ d'action directe. Les médecins préfèrent tenir entre leurs mains l'échographie du foie de leur patient que le palper à travers la paroi abdominale. Les centres de diagnostic remplacent les centres de soins.

L'argent est là pour un nouvel appareil d'investigation qui permettra de repérer une maladie sans personnel pour la soigner.

Cette mise à distance du malade, l'entreprise la vit avec ses membres. Les tracés d'ordinateurs, les transparents avec courbes, diagrammes, permettent l'illusion de la connaissance.

Aussi, peu à peu la confrontation avec le réel disparaissant, l'individu lui-même oublie ou s'agace de sa propre réalité.

Il n'aime pas le bruit de son corps, il élimine ses odeurs, il gomme la fatigue, il nie ses rythmes, il cache ses émotions, ravale ses larmes ou ses rires, il se gère, se polit, sent bon, digère bien, fonctionne à toute heure, se révise à l'atelier du sport, s'optimise jusqu'à être comme la parfaite Golden, partenaire idéale d'une bouche à l'haleine fraîche.

Ainsi, lorsqu'il intègre son corps, c'est pour le nier.

Pourtant, notre planète nous éveille.

Nous comprenons mieux son écosystème, les interdépendances, la nécessité de zones improductives, les bascules, les rythmes, etc.

Nous n'essayons plus d'en faire un grand jardin « anglais » où cygnes et pétunias enchanteraient un regard éternel et figé.

Nous apprenons le respect.

Même l'entreprise apprend ces nécessités de l'environnement et se situe dans un bio rythme géographique, avec plus ou moins bonne grâce certes, mais irrémédiablement.

S'installe alors cet extraordinaire paradoxe de l'entreprise soucieuse de l'écologie de son environnement et ignorante de l'écosystème des individus qui la composent.

Cette négation, commode car uniformisante, n'est pas à long terme productrice, ni peut-être même à court terme.

Déjà, les individus qui sortent de hautes écoles répugnent à travailler dans une entreprise polluante ou peu respectueuse de son environnement.

L'argent ne pourra tout faire accepter, d'autant qu'il deviendra plus rare et que le goût de la consommation commence à s'affadir.

Il nous faut demander à notre culture ce nouvel effort au début de ce troisième millénaire.

La Grèce nous a légué un plaisir du corps, une esthé-tique, un goût de la performance et le lien à la nature ; l'héritage judéo-chrétien, un respect, une acceptation, une maîtrise du corps et le lien à l'homme.

Le chemin est à la crête, notre avenir est funambule.

www.ingramcontent.com/pod-product-compliance
Lightning Source LLC
Chambersburg PA
CBHW071120280326
41935CB00010B/1073